Über den Verlag:

Wirtschaftsbücher im Physica-Verlag — wie paßt das zusammen? Im Zuge einer langjährigen Entwicklung hat sich der Physica-Verlag von einem „naturwissenschaftlichen" über einen „mathematisch-statistischen" zum „wirtschaftswissenschaftlichen" Verlag gewandelt. Heute bestimmen Veröffentlichungen zu Wirtschaftsthemen weitgehend das Verlagsprogramm. Ein Lehrbuchprogramm für das Studium der Wirtschafts- und Sozialwissenschaften von bedeutender didaktischer Qualität, wissenschaftliche Zeitschriften von hohem Niveau und wissenschaftliche Einzelveröffentlichungen haben dem Verlag bei Fachleuten hohes Ansehen gebracht.

Mit der Herausgabe der Reihe „betriebspraxis" kommt der Verlag dem großen Bedürfnis nach praxiserprobten Lösungsmustern für alltägliche Betriebsprobleme entgegen.

Praxis der Betriebsabrechnung

betriebspraxis 1

F.G. Hoepfner und P. Preißler

Praxis der Betriebsabrechnung

Mit 1 Faltblatt als Beilage

Springer-Verlag Berlin Heidelberg GmbH 1981

CIP-Kurztitelaufnahme der Deutschen Bibliothek

Hoepfner, Friedrich Georg:
Praxis der Betriebsabrechnung / F.G. Hoepfner
u. P. Preissler. — Würzburg; Wien : Physica-
Verlag, 1981.
  (Betriebspraxis; 1)

N.E.: Preissler, Peter R.:; GT

ISBN 978-3-662-41522-1   ISBN 978-3-662-41521-4 (eBook)
DOI 10.1007/978-3-662-41521-4

Das Buch oder Teile davon dürfen weder photomechanisch, elektronisch noch in irgendeiner anderen
Form ohne schriftliche Genehmigung des Verlages wiedergegeben werden.

© Springer-Verlag Berlin Heidelberg 1981
Ursprünglich erschienen bei Physica-Verlag, Rudolf Liebing GmbH + Co., Würzburg 1981

Inhaltsverzeichnis

Einleitung 11

1. Warum Betriebsabrechnung so wichtig ist 13
1.1 Die Kosten im Griff behalten 13
1.2 . . . und am Anfang war der Beleg: Die Bedeutung der Kostenerfassung . . 15
    1.2.1 Verbrauchsmenge und Kostenwert 17
    1.2.2 Messen der Verbrauchsmengen 18
    1.2.3 Schätzwerte in der Kostenerfassung 19
    1.2.4 Ein Sonderfall: die kalkulatorischen Kosten 19
1.3 Informationen für die Kostenstellenkontrolle und die Betriebsdisposition . 20
    1.3.1 Was ist Kontrolle? 20
    1.3.2 Ansatzpunkte der Kostenkontrolle 22
    1.3.3 Kosteninformationen als Entscheidungsgrundlage 22
1.4 Verursachungsgerechte Kalkulation: Jedem das Seine 23
1.5 Check-List: Brauchen Sie eine Betriebsabrechnung? 24
1.6 Zusammenfassung 25

2. Die Betriebsabrechnung als Teil des betrieblichen Rechnungswesens . . . 27
2.1 Woher kommen die Daten für die Betriebsabrechnung? 30
    2.1.1 Die Finanzbuchhaltung als Informationsquelle der Betriebsabrechnung . 30
    2.1.2 Direkte Datenerfassung für die Betriebsabrechnung? 30
    2.1.3 Andere Informationsquellen für die Betriebsabrechnung und ihrer Belege – Praxistips 33
2.2 Gesamtzusammenhänge zwischen Kostenarten-, Kostenstellen- und Kostenträgerrechnung 35
    2.2.1 Grundprinzipien der Kostenartenrechnung 37
        2.2.1.1 Was sind Kostenarten? 37
        2.2.1.2 Der Kostenartenplan 38
    2.2.2 Betriebsabrechnung und Kostenstellenrechnung 45
    2.2.3 Betriebsabrechnung und Kostenträgerrechnung 46
2.3 Einzelkosten und Gemeinkosten 47
2.4 Zusammenfassung 48

3. Aufbau der Betriebsabrechnung ... 49

3.1 Formen der Betriebsabrechnung ... 49
3.2 Aufbau des Betriebsabrechnungsbogens ... 49
3.3 Varianten der Betriebsabrechnung in der Praxis ... 51
3.4 Sinnvolle Kostenstellengliederung als Hauptvoraussetzung für eine aussagefähige Betriebsabrechnung ... 54
    3.4.1 Kriterien für die Bildung von Kostenstellen ... 54
    3.4.2 Arten von Kostenstellen ... 56
    3.4.3 Der Kostenstellenplan in der Praxis ... 57

4. Abrechnungstechniken der Betriebsabrechnung ... 63

4.1 Kostenerfassung und Kostenverteilung ... 63
    4.1.1 Die Kostenerfassung nach dem Entstehungsort ... 63
    4.1.2 Die Aufstellung der Kostenstellenkosten ... 64
4.2 Die Leistungsbestimmung der Kostenstellen ... 65
    4.2.1 Die Bezugsgröße als Leistungsmaßstab der Kostenstelle ... 65
    4.2.2 Wozu man Bezugsgrößen braucht ... 65
    4.2.3 Anforderungen an Bezugsgrößen ... 66
    4.2.4 Mehrere Bezugsgrößen ... 68
4.3 Verursachungsgerechte Leistungsverrechnung zwischen den Kostenstellen ... 69
    4.3.1 Was kostet die Leistung einer Kostenstelle? ... 69
    4.3.2 Messung des Leistungsaustauschs zwischen Kostenstellen ... 71
    4.3.3 Schätzung des Leistungsaustauschs durch Schlüsselgrößen ... 71
4.4 Ermittlung von Leistungspreisen und Gemeinkosten-Verrechnungssätzen in der Betriebsabrechnung ... 73
    4.4.1 Das Treppenumlageverfahren ... 73
    4.4.2 Simultane Durchrechnung eines Betriebsabrechnungsbogens ... 74
    4.4.3 Blockverfahren ... 75
    4.4.4 Prozentuale Zuschlagssätze ... 76
4.5 Kennzahlen (Kennziffern) aus der Betriebsabrechnung ... 76
4.6 Zusammenfassung ... 77

5. Auswertung des Informationsgehaltes der Abrechnungsergebnisse ... 79

5.1 Kostenstellenkontrolle und Disposition mit Hilfe der Betriebsabrechnung ... 79
    5.1.1 Kostenhöhe ... 80
    5.1.2 Anteil wichtiger Kostenarten ... 81
    5.1.3 Kostenvergleiche ... 81
    5.1.4 Maschinenverteilung ... 82
    5.1.5 Rohstoffeinsatz ... 82

5.2 Überprüfung der Kalkulationspolitik 84
   5.2.1 Kalkulationspolitik bei Standardangeboten 84
   5.2.2 Auftragskalkulation 85
   5.2.3 Auswertungsschwerpunkte bei sehr breitem Sortiment 85
   5.2.4 Unternehmen mit sehr tiefem Sortiment 86
   5.2.5 Die Anpassung der Betriebsabrechnung an die Marktverhältnisse . . . 87
5.3 Die Betriebsabrechnung als Führungshilfe und Führungsinstrument . . . 87
   5.3.1 Die Organisation der Betriebsabrechnung 87
   5.3.2 Abwicklung der Betriebsabrechnung 88
   5.3.3 Betriebsabrechnung und Führungsstil 89
      5.3.3.1 Fünf Managertypen und ihr Führungsverhalten in der Kostendurchsprache 90
      5.3.3.2 Der optimale Führungsstil 94
5.4 Auswertung der Abrechnungsergebnisse (Zusammenfassung) 95

6. Die Betriebsabrechnung als Ansatzpunkt 97

7. Fallbeispiel zur Betriebsabrechnung 107

8. Literaturverzeichnis 115

Abbildungsverzeichnis

Abb. 1:	Grundprinzip der Betriebsabrechnung	14
Abb. 2:	Belege (Beispiele)	16
Abb. 3:	Verbrauchsmenge und Kostenwert	17
Abb. 4:	Grundprinzip der Kostenkontrolle	21
Abb. 5:	Allgemeine Aufgaben des Rechnungswesens	27
Abb. 6:	Traditionelle Einteilung des Betrieblichen Rechnungswesens	27
Abb. 7:	Neuere Einteilung des Betrieblichen Rechnungswesens	28
Abb. 8:	Hierarchiestufen und Betriebliches Rechnungswesen	29
Abb. 9:	Einkreis- und Zweikreissystem bei der Datenerfassung im Rechnungswesen	31
Abb. 10:	Beispiel eines Kontierungsbeleges (Lagerausgang) für Kostenrechnungszwecke	32
Abb. 11:	Übersicht Informationsquellen und Belege für die Betriebsabrechnung	35
Abb. 12:	Zusammenhänge zwischen Kostenarten-, Kostenstellen- und Kostenträgerrechnung	36
Abb. 13:	Beispiel: Kostenartenplan in der Kunststoffindustrie	43
Abb. 14:	Ein Blatt aus dem Kostenartenplan	44
Abb. 15:	Grundstruktur des Betriebsabrechnungsbogens	50
Abb. 16:	Einbettung der Betriebsabrechnung in die Kostenrechnung	51
Abb. 17:	Kostenstellen-Numerierung in einer ... fabrik	57
Abb. 18:	Hauptgruppen von Kostenstellen	58
Abb. 19:	Vgl. *Böckel/Hoepfner* [1971, S. 47]	74
Abb. 20:	Das Verhaltensgitter	91
Abb. 21:	Phasen der Kostensenkung (Ablauforganisation)	99
Abb. 22:	Maßnahmen-Vorgabeblatt	100
Abb. 23:	Maßnahmenkatalog zur Kostensenkung	101
Abb. 24:	Schriftliche Fixierung der Kostensenkungsziele	102
Abb. 25:	Maßnahmenbelastungsübersicht	103
Abb. 26:	Maßnahmenkontrollblatt	104
Abb. 27:	Berechnung und Überwachung der Kostensenkung	104

Einleitung

Die Einleitung eines Buches gleicht einem Heiratsantrag: Wird man überhaupt angehört, dann hat man schon halb gewonnen. So hoffen wir, daß Sie, nachdem Sie dieses Buch nun schon einmal in der Hand haben, es auch lesen und davon profitieren werden.

Im Gegensatz zu einem Heiratsantrag kann man in einer Einleitung schon ziemlich genau sagen, was danach kommt. Hier geht es leider nicht um ein so faszinierendes Thema wie die Liebe, sondern um einen scheinbar eher trockenen Stoff: die Betriebsabrechnung. *Abrechnen* bedeutet dabei zweierlei: Errechnen, also rechnerische Grundlagen für Entscheidungen schaffen, und Rechenschaft ablegen, also Verantwortung für Ergebnisse übernehmen. Deshalb ist die Betriebsabrechnung ein sehr wichtiges Instrument der Unternehmensführung und Arbeitsgrundlage für alle, die in Produktion, Kostenrechnung, Kalkulation und Management arbeiten. Ein trockener Stoff? So wie er meistens dargeboten wird, ja.

In diesem Band wollen wir aber eine fast spannende – mindestens aber wenn nicht eine fesselnde, so doch mindestens eine *interessante Darstellungsform* suchen und Ihnen damit das *Lesen* kurzweilig und das *Verstehen* leicht machen! Wir wollen Verständnis wecken für die Zusammenhänge und Begründungen, in die die Betriebsabrechnung einzubetten ist, und wir wollen zeigen, wofür sie da ist, welchen Zwecken sie dient und wie sie beschaffen sein muß, um diese zu erreichen. Deshalb zeigen wir auch die theoretischen Hintergründe der Betriebsabrechnung.

Ein theoretisches Buch? Nein, wie der Titel schon sagt, geht es in erster Linie um die *Praxis*. Zwar gilt weiterhin der Satz des großen Psychologen Kurt *Lewin*: „Nichts ist praktischer als eine gute Theorie!", aber wir wollen hier nicht Theorien erdenken, sondern uns mehr um die Möglichkeiten ihrer Umsetzung in die Praxis kümmern.

Dieses Buch soll Ihnen *nutzen*. Es soll zeigen, wie man theoretische Erkenntnisse der Kostenrechnung in die tägliche Praxis umsetzen kann, wo die Schwierigkeiten im routinemäßigen Arbeitsablauf liegen, wie man sie überwinden kann und welche Kompromisse zwischen einem „reinen" System der Betriebsabrechnung und den praktischen Möglichkeiten eines Betriebs notwendig und möglich sind – kurzum, wie man Betriebsabrechnung in der Praxis durchsetzen und erfolgreich anwenden kann.

Dieses Buch wendet sich an alle, die täglich mit Betriebsabrechnung zu tun haben, die sich für ihre Anwendung interessieren, die Daten aus der Betriebsabrechnung interpretieren und für Entscheidungen verwenden müssen, und nicht zuletzt an solche, die all dies lernen wollen. Das Buch entstand aus unserer Lehrerfahrung in Kursen des Rationalisierungskuratoriums der deutschen Wirtschaft, in Betrieben und an Hochschulen, durch unsere redaktionelle Erfahrung beim Verfassen von Aufsätzen, Büchern und Fernsehkursen und nicht zuletzt durch unsere Erfahrung bei der praktischen Einführung und Durchführung von Kostenrechnung in Betrieben und öffentlich-rechtlichen Körperschaften.

All denen, die uns dabei geholfen haben, unser Wissen zu erwerben und zu verfeinern, und die somit zum Gelingen dieses Buches beigetragen haben, möchten wir an dieser Stelle danken.

im Herbst 1980

F.G. Hoepfner   P.R. Preißler

1. Warum Betriebsabrechnung so wichtig ist

„Wir brauchen keine Betriebsabrechnung. Solange noch Geld in der Kasse liegt, stimmt die Richtung!" Der Firmenleiter, der dies einmal sagte, arbeitet heute immer noch mit Gewinn. Er hat einfach Glück gehabt, und er hat noch dazu einen sehr kleinen, übersichtlichen Betrieb. Vielleicht ist er wirklich einer der wenigen, die keine Betriebsabrechnung brauchen.

Den meisten Betrieben geht es allerdings anders. Sie haben mehrere Produkte und mehrere Abteilungen, sie müssen Angebote für unterschiedliche Kunden kalkulieren, sie stehen in hartem Wettbewerb am Markt und die Mitarbeiter und Leiter aller Abteilungen fordern Informationen, damit sie die ihnen übertragene Verantwortung auch übernehmen und ausfüllen können. All dies spricht dafür, eine Betriebsabrechnung einzurichten.

Die folgenden Abschnitte sollen die wichtigsten Anforderungen an ein Rechnungswesen schildern. Diese Anforderungen sind zugleich Hauptgrund dafür, daß man eine Betriebsabrechnung einrichtet.

1.1 Die Kosten im Griff behalten

Fast ist die Aussage schon ein Allgemeinplatz, daß die Kosten ständig steigen. Sie ist aber auch eine Herausforderung für die Betriebe, denn nicht immer gelingt es, die Kosteninflation durch Preissteigerungen aufzufangen. Statt dessen ist es meistens notwendig, durch bessere Organisation, verbesserte Herstellungsverfahren, rationelleren Verkauf und neue Produkte einen Ausgleich zu schaffen.

So ist es heute eigentlich für jeden Betrieb notwendig, die Kosten im Griff zu behalten. Wir wollen wissen, wo welche Kosten entstehen, und wir wollen die Übersicht über die Verwendung der eingesetzten Mittel – Material, Hilfs- und Betriebsstoffe, Arbeitszeit und unternehmerisches Talent – behalten. Je größer aber ein Betrieb wird und je mehr Produkte er herstellt, desto schwieriger ist diese Aufgabe. Es wird notwendig, den Betrieb in kleinere Einheiten zu unterteilen, Einheiten, in denen bestimmte, gleichartige Fertigungsvorgänge durchgeführt werden. Solche Einheiten, aus der Organisationslehre unter Namen wie beispielsweise „Abteilung" oder „Werkstatt" bekannt, nennen wir in der Kostenrechnung die *Kostenstellen*. Die Einteilung des Betriebs in Kostenstellen ist also eine Maßnahme, um mehr Überblick zu gewinnen. Aus dem gleichen Grunde sind heute fast alle Betriebe mit einer Kostenrechnung dazu übergegangen, den großen Block der Kosten nach *Kostenarten* zu unterteilen, also danach, welche Güter im einzelnen verbraucht oder verzehrt worden sind. Solche Kostenarten sind beispielsweise die Personalkosten oder die Materialkosten oder die Benzinkosten. Alle Kostenarten können in verschiedenen Kostenstellen entstehen bzw. verbraucht werden, also z.B. die Personalkosten in der Fräserei, in der Verwaltung, im Versand, oder im Vertrieb. So ergibt sich ganz von selbst bereits die Grundvorgehensweise der Betriebsabrechnung, die nichts anderes macht als den großen Block der Kosten einerseits nach Kostenarten und andererseits nach Kostenstellen aufzugliedern, um so den Überblick darüber zu behalten, welche Kosten wo entstanden sind. In einem weiteren Schritt muß die Betriebsabrechnung allerdings dann klären, für wen diese Kosten entstanden sind, und sie verursachungsgemäß weiter verrechnen. So gelangen wir letztlich zur Kalkulation, die die Selbstkosten der einzelnen Produkte feststellt.

Wir wollen diese Zusammenhänge nochmals in Definitionen zusammenfassen, denn sie bilden eine Grundlage für unser ganzes Buch.

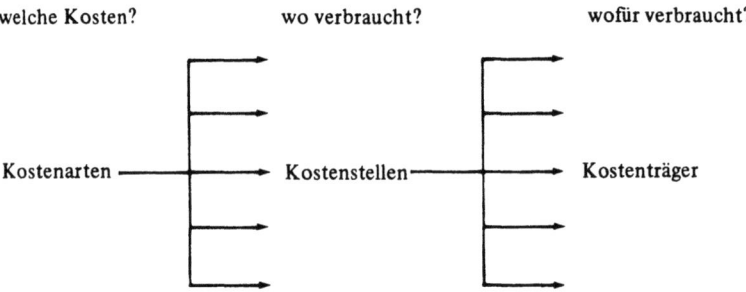

Abb. 1: Grundprinzip der Betriebsabrechnung

Der große Block der Kosten wird unter zwei verschiedenen Gesichtspunkten zerlegt. Zum einen fragen wir uns, *welche* Kosten entstanden sind, und gelangen so zu den Kostenarten; zum anderen fragen wir uns danach, *wo* Kosten entstanden sind, und erhalten so die Kosten der Kostenstellen.

Durch weitere Untergliederung erhalten wir dann eine Aufgliederung der Kostenarten in den einzelnen Kostenstellen. Erstes Ziel dieser Vorgehensweise ist es, einen *Überblick* über die Kosten zu gewinnen.

Die Betriebsabrechnung befaßt sich mit Kosten.

Kosten sind der bewertete Verbrauch von Gütern und Dienstleistungen für den Betriebszweck.

Alles, was für den Betrieb verbraucht wird und einen Wert hat, gehört zu den Kosten: verbrauchte Arbeitszeit, verbrauchtes Material, die Abnutzung einer Maschine, verbrauchte Betriebsmittel und sogar der Verbrauch von Mietzeit, wenn man in gemieteten Räumen arbeitet. Mit ‚Betriebszweck' ist die betriebliche Leistungserstellung und -verwertung gemeint.

Die Betriebsabrechnung stützt sich auf die Einteilung der Kosten nach Kostenarten.

Als Kostenart bezeichnen wir alle unter einem bestimmten Gesichtspunkt zusammengefaßten Kostenbeträge.

Als zusammenfassenden Gesichtspunkt wählen wir meistens die Art des verzehrten Wirtschaftsguts. Deshalb gliedern wir z.B. in Materialkosten, Personalkosten, Energiekosten, etc.

Die Betriebsabrechnung verlangt außerdem die Einteilung des Betriebs in Kostenstellen.

Eine Kostenstelle ist ein einheitlicher Verantwortungsbereich, in dem gleichartige Fertigungsvorgänge und Maschinen vorherrschen, und der gegenüber anderen Bereichen kostenrechnerisch klar abgegrenzt wird.

Die Kostenstelle muß einer bestimmten Verantwortung unterstehen, sie hat also einen Kostenstellen- oder Abteilungsleiter. Sie ist durch gleichartige Vorgänge gekennzeichnet, deshalb dominieren in ihr z.B. Maschinen eines bestimmten Typs, oder es werden vergleichbare Leistungen erstellt. Beispielsweise findet man in einer Kostenstelle „Flaschenkeller" einer Brauerei eben Abfüllmaschinen und es werden Flaschen abgefüllt; in der Kostenstelle „Fuhrpark" findet man Lastwagen und es werden Güter transportiert; in der Kostenstelle „Lager" findet man Lagerhallen, dort werden Güter gelagert, an- und abtransportiert. Dagegen wäre es nicht sinnvoll, beispielsweise den Flaschenkeller und das Lager zu einer Kostenstelle zusammenzufassen, weil ganz verschiedene Leistungen in diesen Teilbereichen erbracht werden und verschiedene Maschinen stehen. Mit einem Fachausdruck spricht man davon, daß die beiden Bereiche unterschiedliche *Kostenstruktur* haben.

Die Betriebsabrechnung soll die Kostenarten getrennt nach Kostenstellen ermitteln, d.h. sie stellt die in einer Kostenstelle angefallenen Kosten nach Kostenarten fest. Sie kann diese Aufgabe nur dann gut erfüllen, wenn die Kosten richtig erfaßt werden.

1.2 ... und am Anfang war der Beleg: Die Bedeutung der Kostenerfassung

Der Abschnitt, den Sie jetzt lesen, fehlt in den meisten Büchern über Kostenrechnung. Man könnte auch meinen, daß er von einer Selbstverständlichkeit handelt: Wir müssen eben die Kosten erfassen, bevor wir eine Kostenrechnung betreiben können. Leider liegt eben auch da genau die Schwierigkeit und eine erste praktische Hürde jeder Betriebsabrechnung! Weil Kostenrechnung eben meistens in irgendwie unvollkommenen Betrieben durchgeführt werden muß und von Menschen mit all ihren Stärken und Schwächen, ihren Konflikten und manchmal sogar mit ihrer Nachlässigkeit durchgeführt wird, hat die Kostenerfassung etwas mit Belegen zu tun.

Brauerei Hoepfner • Karlsruhe

GmbH & Co KG

Brauerei Hoepfner GmbH & Co KG Postfach 3029 7500 Karlsruhe 1

Lastschrift
Gutschrift

7500 Karlsruhe

	Betrag DM	

Anschrift Haid-&-Neu-Straße 18 Drahtwort Hoepfnerbräu Fernsprecher Sa.-Nr. (0721) 60 70 71 Fernschreiber 07-826 747
Banken Badische Kommunale Landesbank Konto Nr. 27-41014/002, BLZ 660 500 00
Landeszentralbank Konto Nr. 660 07363, BLZ 660 000 00 Postscheck Karlsruhe Konto Nr. 3275-750

Abteilung ______________________ Buchungs- / Kassen- / Quittungs- **Beleg Nr.** ______

Geschäftsvorfall	Soll Einnahme			Haben Ausgabe			Konto	Kosten-stelle

Ausgestellt		Genehmigt	Quittung / Betrag in Worten	vorkontiert von		
Tag			DM ______	Gebucht	am	
					wo	
von			erhalten:		von	

RUF Bestellzeichen BL 100 F 1 DATENSYSTEM KARLSRUHE

Abb. 2: Belege (Beispiele)

Ein Beleg ist eine schriftliche Abrechnungsunterlage, z.B. ein Lagerentnahmeschein, eine Tankquittung oder eine Stechkarte (vgl. Abb. 2). Belege enthalten die Ausgangsinformationen der Kostenrechnung, z.B. Kostenart, Verbrauchsmenge etc. Sie werden damit zur Grundlage der Kostenrechnung. Alles hängt davon ab, daß Belege genau, schnell und richtig erstellt werden. Eigentlich dürfte es ja nicht schwer sein, solche Belege zu erhalten — aber in der Praxis gibt es da manches Problem.

1.2.1 Verbrauchsmenge und Kostenwert

Die Kostenhöhe errechnet sich aus Verbrauchsmenge und Preis pro Mengeneinheit (Kostenwert). Sind beispielsweise Benzinkosten von DM 15,— zu verrechnen, dann handelt es sich vielleicht um 20 Liter Benzin à DM 1,20. Eine genaue Erfassung muß also immer zwei Fragen klären:
— Wieviel ist verbraucht worden (Verbrauchsmenge)?
— Wieviel ist eine Einheit des verbrauchten Kostengutes wert?

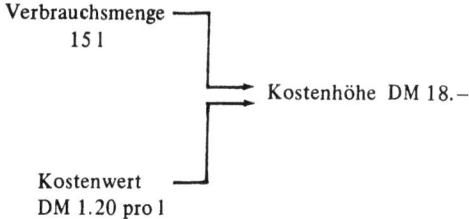

Abb. 3

In der Betriebspraxis ist der Kostenwert meist schnell ermittelt. Er wird normalerweise ursprünglich einmal der Finanzbuchhaltung entnommen (man verwendet also die Einstandskosten des betreffenden Gutes) und dann als stabiler Festpreis geführt. Unabhängig von kleinen Preisschwankungen im Einkauf wird also für ein bestimmtes Produkt in der Kostenrechnung immer derselbe Kostenwert verwendet. Das hat folgende Vorteile:
— Arbeitserleichterung
— weniger Fehlerquellen
— Konzentration der Aufmerksamkeit auf die für den Betrieb wichtigen Verbrauchsmengen.

Im täglichen Betriebsablauf brauchen wir uns also mit der Erfassung der Kostenwerte bzw. Kostengüterpreise nicht mehr zu beschäftigen, da ja einmal jährlich festgelegte, teilweise sogar über Jahre hinaus gleichbleibende Festpreise eingesetzt werden können.

So bleibt uns als Erfassungsproblem die Verbrauchsmenge. Kostenerfassung im Betrieb bedeutet immer, daß wir Verbrauchsmengen feststellen: Wieviel Benzin wurde in der Kostenstelle „Fuhrpark" verbraucht, wieviel für den innerbetrieblichen Transport? Wieviel Strom benötigte die Dreherei, wieviel die Abfüllerei, wieviel die Verwaltung? Diese Fragen muß die Kostenerfassung klären und über diese Zahlen muß sie Belege erstellen.

1.2.2 Messen der Verbrauchsmengen

Soweit irgend möglich, sollte man dazu personenunabhängige Meßverfahren einsetzen. So können manche Kostenarten mit automatischen Zählern abgerechnet werden, beispielsweise die Stromkosten (wenn in jeder Kostenstelle ein Verbrauchszähler installiert ist), oder die Kosten für Raumheizung (wenn an den Heizflächen Kalorimeter installiert werden). Gerade das letztgenannte Beispiel zeigt sehr deutlich, wo eine Grenze dieser Vorgehensweise liegt. Wenn das Meßverfahren selbst teuer ist, dann besteht Gefahr, daß die möglicherweise erzielbaren Einsparungen weit geringer als die Kosten des Erfassungsverfahrens sind. Dann kann eine genaue Erfassung unwirtschaftlich werden[1]).

Die Verbrauchsmengen mancher Kostenarten können einmalig und vereinfacht durch Zählen festgestellt werden.

Beispiel 1: Miete für Werkstatt. Wir zählen die benutzten Quadratmeter (und multiplizieren später mit der Monatsmiete pro Quadratmeter als Kostenwert).

Beispiel 2: Tachometer in der Automontage. Pro Wagen wird ein Stück gebraucht. (Hier fehlt Wertkomponente)

Schwieriger wird es schon, wenn zur Durchführung eines Erfassungsverfahrens menschliche Mitarbeit notwendig ist, also kein automatisches Meßverfahren eingesetzt werden kann. Beispielsweise könnte man in einem Betrieb, in dem ständig „Springer" oder „Serviceleute" für die verschiedenen Kostenstellen benötigt werden, in jeder Kostenstelle eine spezielle Stechuhr anbringen. Wenn ein Springer oder Serviceman in dieser Kostenstelle arbeitet, müßte er dann die Stechuhr betätigen. Nur so kann man einwandfrei festhalten, welche Arbeitszeit er für welche Kostenstelle verbraucht hat.

Warum das problematisch ist? Weil der Betreffende vielleicht gar keine genaue Kontrolle seines Arbeitszeitverbrauchs *will*, oder weil er den „Papierkram" für nebensächlich hält. Diese beiden Gründe können bewirken, daß die Bedienung der Stechuhr vergessen oder ungenau durchgeführt wird, oder daß gar Fantasiezahlen „gemeldet" werden. Ein dritter Faktor wird diese Tendenz verstärken.

Naturgemäß ist auch jeder Kostenstellenleiter daran interessiert, „seine" Kosten mög-

---

[1]) Natürlich kann man z.B. einen Stromzähler jede Woche in einer anderen Kostenstelle montieren, um einen Eindruck vom Stromverbrauch dort zu gewinnen.

lichst niedrig zu halten. So wird es immer wieder vorkommen, daß die einzelnen Kostenstellenleiter nur ungern zu einer Zusammenarbeit mit den Kostenrechnern in puncto Kostenerfassung bereit sind. Nur zu oft muß der Kostenrechner sich sagen lassen, daß die von ihm vorgeschlagene Erfassungsmethode „nicht durchführbar" sei, oder er muß entdecken, daß jemand versucht hat, die in seiner Kostenstelle angefallenen Beträge durch Tricks bei der Erfassung zu vermindern und/oder der Nachbarkostenstelle „zuzuschustern".

Unter diesen großenteils organisationspsychologisch oder organisationssoziologisch begründeten Hindernissen leidet die Genauigkeit der Kostenerfassung auch dann, wenn es theoretisch möglich wäre, relativ genau arbeitende Verfahren einzusetzen.

1.2.3 Schätzwerte in der Kostenerfassung

Wenn automatische Meßverfahren nicht gefunden werden können oder zu teuer sind, und wenn gleichzeitig halbautomatische oder manuelle, die Mitarbeit von Kostenstellenleitern und anderen Betriebsmitgliedern benötigende Verfahren nicht oder nur teilweise durchsetzbar sind, verbleibt dem Kostenrechner nur noch eines: die verbrauchte Menge zu schätzen.

Auch wenn man dabei sehr komplizierte Hilfsüberlegungen anstellt, bleibt der Genauigkeitsgrad einer Schätzung dem Kostenrechner unbekannt. Er hat wenig Möglichkeiten, ihn zu prüfen – er wird wahrscheinlich nie erfahren, ob er sich verschätzt hat oder nicht. Wenn eine Kostenrechnung überwiegend auf Schätzwerten aufbaut, wird sie wahrscheinlich ungenau, vielleicht sogar tendenziell (wenn beispielsweise der Kostenrechner selbst aufgrund von Vorurteilen oder mangelnder Information über den Betriebsablauf bestimmte Verbrauchsmengen ständig über- oder ständig unterschätzt). Dies spricht dafür, Schätzungen soweit irgend möglich durch genauere Erfassungsverfahren zu ersetzen.

Der Kostenrechner wird so ständig einen Widerstreit zwischen dem Streben nach Genauigkeit und dem Streben nach vollständiger, preisgünstiger und schneller Kostenerfassung erleben, und letztlich wird die Qualität der von ihm produzierten Informationen entscheidend davon abhängen, inwieweit er diesen Konflikt lösen kann.

Beispiele für Schätzwerte: Zeitverteilung eines Meisters, der in mehreren Abteilungen arbeitet; Nutzungsdauer eines LKW; Stromverbrauch in einem Büro.

1.2.4 Ein Sonderfall: die kalkulatorischen Kosten

„Meine eigene Arbeit kostet mich ja nichts." Diese Meinung hört man immer wieder. In der Kalkulation kann sie aber Ursache eines verhängnisvollen Irrtums sein – sie kann dazu führen, daß man Aufträge mit zu niedrigen Preisen annimmt. Richtig, für die eigene

Arbeit muß der Selbständige meistens nichts *bezahlen*, er hat keine *Ausgabe*. Aber die Arbeitszeit wird trotzdem *verbraucht*. Sie ist auch wertvoll, denn am Arbeitsmarkt würde dafür bezahlt. Wo aber etwas Wertvolles zum Betriebszweck verbraucht wird, entstehen *Kosten*. Auch solche Kosten, denen keine Ausgaben gegenüberstehen, sind zu berücksichtigen.

Zu diesen sogenannten Zusatzkosten (weil sie zusätzlich zu den Aufwendungen entstehen) gehören insbesondere die kalkulatorischen Kostenarten, wie beispielsweise die kalkulatorische Miete (in der Kostenrechnung anzusetzen, auch wenn man im eigenen Gebäude arbeitet und deshalb keine Miete an Dritte zahlen muß), kalkulatorische Abschreibungen (deren Höhe sich von den steuerlich bedingten Abschreibungen der Finanzbuchhaltung ja unterscheiden kann), kalkulatorischer Unternehmerlohn usw. Wie ihr Name schon besagt, werden die kalkulatorischen Kostenarten kalkuliert, d.h. errechnet (und können daher nicht vollständig im Betrieb erfaßt werden) und für die Kalkulation der Endprodukte in Ansatz gebracht. Sollen beispielsweise die Kosten „kalkulatorische Miete" „erfaßt" werden, dann müssen wir zunächst einmal feststellen, welche Menge von Kostengut verbraucht wurde (in diesem Fall: wieviel Quadratmeter genutzt werden) und dann diese Kostengütermenge bewerten. Der Kostenwert kann in diesem Falle nicht aus Unterlagen der Finanzbuchhaltung entnommen oder sonstwie erfaßt werden, sondern ist nach Vergleichswerten (z.B. vergleichbare Miete am Ort) festzulegen.

Hier *muß* der Kostenwert festgelegt oder geschätzt werden, und im allgemeinen kann nur die Verbrauchsmenge gesondert erfaßt werden. Da jedoch diese Zusatzkosten meist nur wenige Kostenarten umfassen, stellen sie dem Kostenrechner letztlich keine übermäßig großen Erfassungsprobleme. Die Hauptschwierigkeit der Kostenerfassung liegt demnach nicht im Bereich der Erfassung der Gesamtkosten eines Unternehmens, sondern vielmehr in dem Bereich, der gerade für die Betriebsabrechnung besonders wichtig ist: in der verursachungsgerechten Erfassung der Kostenstellenkosten und in der Trennung von Einzel- und Gemeinkosten.

1.3 Informationen für die Kostenstellenkontrolle und die Betriebsdisposition

In den vorangegangenen Abschnitten wurde bereits mehrfach erwähnt, daß nur eine Betriebsabrechnung es möglich macht, die Kosten der einzelnen Kostenstellen zu kontrollieren.

1.3.1 Was ist Kontrolle?

Das Wort ‚Kontrolle' wird in der Umgangssprache mit verschiedenen Bedeutungsnuancen verwendet. Der Bürger fürchtet die Zollkontrolle an der Grenze oder die Fahrscheinkontrolle in der Straßenbahn als eine Form herrschaftlicher Machtausübung, der er weitgehend ausgeliefert ist, und die ihm auch dann unangenehm ist, wenn er glaubt, eigentlich nichts befürchten zu müssen. Wer solche Kontrollen ausüben darf, hat Macht über andere, und eine in diesem Sinne im Betrieb durchgeführte (Kosten-)Kontrolle ist ein Instrument der *Führung* oder der *Machtausübung* bzw. (aus der Sicht der Untergebenen) oft ein Instrument der Disziplinierung. Eine so verstandene Kostenkontrolle trifft im Betrieb häufig auf Widerstand, wenn die Untergebenen dem Führungs- und Machtanspruch ihres Vorgesetzten entgegentreten.

Daneben bedeutet der Begriff ‚Kontrolle' jedoch auch eine bestimmte *Technik der Informationsverarbeitung*. Die Kontrolle ist dann der Vergleich eines vorgegebenen Sollwertes mit einem tatsächlichen Wert. So messen wir bei einer Reifenkontrolle die Profiltiefe und vergleichen sie mit dem vorgeschriebenen Mindestwert; bei der Kostenkontrolle ermitteln wir die Sollkosten und vergleichen sie mit den tatsächlich angefallenen Istkosten; bei der Wareneingangskontrolle vergleichen wir unsere Bestellung mit dem Lieferschein und den tatsächlich angelieferten Waren. Eine so verstandene Kontrolle dient zunächst nur dazu, Übereinstimmung bzw. Abweichung zwischen Soll und Ist zu ermitteln und damit notwendige Informationen zu gewinnen.

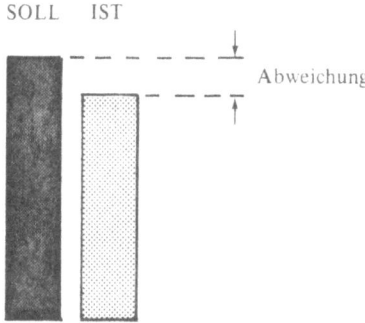

Abb. 4: Grundprinzip der Kostenkontrolle

Auch wenn die beiden Begriffe von Kontrolle sich nur geringfügig unterscheiden, soll diese Unterscheidung hier doch ganz deutlich werden. Wenn wir im folgenden von Kostenkontrolle sprechen, dann ist immer dieser Vergleich von Soll und Ist, also eine Form der Informationsgewinnung gemeint. Erst an anderer Stelle (Kap. 5.3 dieses Bandes) soll darauf eingegangen werden, welche Möglichkeiten sich aus der Kostenkontrolle für Führungsstil, Zusammenarbeit, Lösen von Konflikten im Betrieb und ähnliche Dinge ergeben.

1.3.2 Ansatzpunkte der Kostenkontrolle

Durch die Betriebsabrechnung findet die Kostenkontrolle verschiedene neue Ansatzpunkte, die hier kurz beleuchtet werden sollen.

Zunächst einmal ist verständlich, daß eine durch eine Betriebsabrechnung stärker detaillierte Kostenrechnung auch mehr Möglichkeiten zur Kostenkontrolle bietet. Anstelle einer globalen Überblickskontrolle tritt nun eine detaillierte, betriebsorientierte, genauere Kontrolle, die als Handlungsgrundlage dienen kann. Ansatzpunkte dafür sind z.B.:

— die Entwicklungstendenzen der einzelnen Kostenarten im Betrieb insgesamt,
— die Ergebnisse der einzelnen Kostenstellen selbst,
— hier wiederum die einzelnen Kostenarten,
— die Belastung der einzelnen Kostenstellen durch die verschiedenen Produkte,
— der Vergleich der Selbstkosten für bestimmte Vorleistungen (z.B. selbsterzeugter Strom) mit den Marktpreisen hierfür (Strom vom Elektrizitätswerk).

Alle diese Auswertungsmöglichkeiten der Betriebsabrechnung sollen Informationen für Entscheidungen liefern.

1.3.3 Kosteninformationen als Entscheidungsgrundlage

Im täglichen Betriebsablauf müssen viele Entscheidungen getroffen werden. Manche Artikel können auf verschiedenen Maschinen produziert werden, so daß man die einzusetzende Maschine u.a. nach Kostengesichtspunkten auswählen kann; oft kann das vom Verkauf her vorgegebene Fertigungsprogramm terminlich und mengenmäßig beeinflußt werden, so daß auch unter Kostengesichtspunkten über unterschiedliche Fertigungspläne zu entscheiden ist; in manchen Fällen ist es sogar möglich, unter Kostengesichtspunkten ständig die Zusammensetzung eines Produktes zu beobachten und gegebenenfalls zu beeinflussen (dies geschieht beispielsweise bei der Wurstfabrikation, wo je nach wechselndem Tagespreis für dieselbe Wurst ständig unterschiedliche Anteile für verschiedene Fleischsorten Verwendung finden).

Kosteninformationen müssen bei fast allen betrieblichen Entscheidungen irgendwie berücksichtigt werden, um die möglichen Folgen der geplanten Vorgehensweise abzuschätzen.

1.4 Verursachungsgerechte Kalkulation: Jedem das Seine

Je vielfältiger die Produktion, je härter der Wettbewerb und je größer die Notwendigkeit zur Anpassung im Unternehmen ist, desto dringender braucht man eine verursachungsgerechte Kalkulation. Der Titel dieses Abschnittes soll schon andeuten, was mit ‚verursachungsgerecht' gemeint ist: Jeder Kostenträger, also beispielsweise jeder Artikel, soll mit denjenigen Kosten belastet werden, die das Unternehmen in Kauf nehmen mußte, um ihn produzieren zu können. Jede Kostenstelle wird nur mit den Kosten belastet, die dort entstanden sind.

Diese Vorgehensweise mag dem naiven Leser zunächst selbstverständlich erscheinen. Wer sich in der Praxis der Kostenrechnung etwas auskennt, der weiß, wie häufig gegen dieses scheinbar so selbstverständliche Prinzip verstoßen wird, und wie schwer es ist, ihm immer gerecht zu werden. Eine verursachungsgerechte Kalkulation wird in den meisten Fällen zunächst dadurch verhindert, daß die Kostenrechnung nicht ausreichend ausgebaut ist, um überhaupt geeignete Zahleninformationen zu liefern.

Wer eine verursachungsgerechte Kalkulation durchführen und somit die Kosten aller Produkte ermitteln will, der benötigt zumindest im Mehrproduktbetrieb unbedingt eine Betriebsabrechnung. Der Wunsch nach einer genauen Abgrenzung des Kalkulationsspielraums im Verkauf kann also durchaus dazu führen, daß eine Betriebsabrechnung aufgebaut wird; umgekehrt wird eine beispielsweise nur zum Zweck der Kostenkontrolle in den Kostenstellen aufgebaute Betriebsabrechnung aber auch automatisch genügend Informationen für den Vertriebsbereich anbieten und somit eine Verbesserung der Kalkulationssituationen ermöglichen.

1.5 Check-List: Brauchen Sie eine Betriebsabrechnung?

Sicher haben Sie, lieber Leser, schon überlegt, ob eine Betriebsabrechnung Ihnen nützen könnte. Einige Vorteile einer aussagefähigen Betriebsabrechnung haben wir in diesem Kapitel erwähnt. Aber nicht jeder Betrieb kann diese Vorteile nutzen. Hier ein kleiner „Test" – bitte kreuzen Sie die jeweils zutreffende Antwort an, und Sie werden einen ersten Anhaltspunkt gewinnen, ob *Sie* eine Betriebsabrechnung brauchen können.

a) Wir sind ein
- Handelsbetrieb   1 Punkt
- Dienstleistungsunternehmen   3 Punkte
- Produktionsunternehmen   8 Punkte

b) Wieviele Artikel werden selbst produziert?
- unter 5   0 Punkte
- 6 bis 30   5 Punkte
- 31 bis 200   8 Punkte
- über 200   10 Punkte

c) Mitarbeiterzahl meines Betriebs:
- unter 20   0 Punkte
- 21 bis 50   3 Punkte
- 51 bis 200   7 Punkte
- über 200   10 Punkte

d) Unsere Verkaufspreise
- stehen fest (z.B. gleiche Preisliste für jede Kundengruppe)   2 Punkte
- werden gemäß Marktverhältnissen und Preisliste ausgehandelt   4 Punkte
- werden jedesmal neu kalkuliert   10 Punkte

e) Unsere Produkte
- bleiben über Jahre gleich   1 Punkt
- werden ab und zu modifiziert   5 Punkte
- werden regelmäßig geändert   9 Punkte
- wir entwickeln ständig Neuigkeiten   10 Punkte

Auswertung:

Unter 5 Punkten: Sie haben wenig Sorgen, zumindest einmal mit der Betriebsabrechnung! Kostenrechnung ist für Ihre Firma nicht sehr wichtig.

6 bis 15 Punkte: Obwohl Kalkulation und Kostenkontrolle nicht Ihre Hauptprobleme sind, sollten Sie sich in regelmäßigen Abständen damit beschäftigen. Vielleicht finden Sie Rationalisierungsreserven?

16 bis 25 Punkte: Eine Betriebsabrechnung wird Ihnen helfen. Wahrscheinlich genügt ein System, das nur einen guten Überblick gibt. Gehen Sie nur da ins (Kosten-)Detail, wo es nötig ist.

26 bis 48 Punkte: Lesen Sie dieses Buch von der ersten bis zur letzten Seite sorgfältig durch und legen es dann unter Ihr Kopfkissen! Eine gute, detaillierte und genaue Betriebsabrechnung ist für Sie lebenswichtig!

PS: Dieser „Test" kann nur einen ersten, oberflächlichen Eindruck vermitteln. Er ersetzt den Fachmann genauso wenig wie der Computer den Manager!

1.6 Zusammenfassung

Die vorangegangenen Abschnitte zeigten, daß eine Betriebsabrechnung notwendig ist, um die Kosten im Griff zu behalten, und daß sie auf einer klaren und daher exakten Kostenerfassung beruht. Sie dient in erster Linie der Kostenstellenkontrolle, der Entscheidungsfindung im Betrieb und der Ermittlung der Selbstkosten (Kalkulation).

Grundsätzlich baut jede Betriebsabrechnung auf der Einteilung des Betriebs in Kostenstellen und auf der Gliederung der Gesamtkosten in Kostenarten auf. Prinzipiell wird jede Betriebsabrechnung die Kosten der einzelnen Kostenstellen aufweisen, analysieren und auf andere Kostenstellen oder Produkte verrechnen.

Weitere Aufgaben der Betriebsabrechnung, die in den späteren Kapiteln noch ausführlicher behandelt werden, sind:

– Kalkulationsgrundlagen,
– Einblicke in die Kostenstruktur,
– Informationen für die Lager- und Halbfabrikatenbewertung nach steuerlichen und handelsrechtlichen Vorschriften,
– Kennzahlen.

Im folgenden Abschnitt werden wir näher auf die Zusammenhänge eingehen, in die die Betriebsabrechnung im Rechnungswesen eingebettet ist, und damit den Rahmen für die weitere Vorgehensweise in diesem Band stecken.

2. Die Betriebsabrechnung als Teil des betrieblichen Rechnungswesens

Im Rechnungswesen werden Daten erfaßt, aufbereitet, verarbeitet und weitergeliefert. Die Betriebsabrechnung ist Teil des Rechnungswesens und hat dort ihre spezielle Aufgabe. Die folgende Abbildung soll dies verdeutlichen:

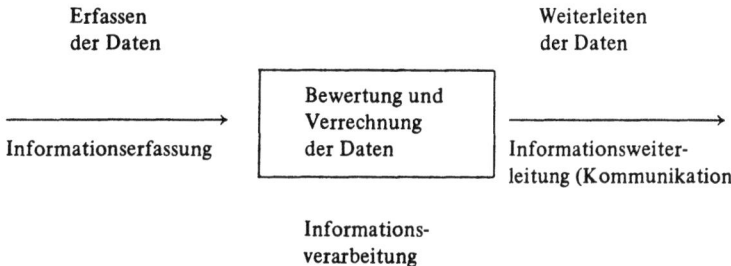

Abb. 5: Allgemeine Aufgaben des Rechnungswesens

Die Einordnung der betriebsabrechnung in das Rechnungswesen muß nun diesen speziellen Aufgaben gerecht werden. Mit der richtigen Einordnung der Betriebsabrechnung in das Rechnungswesen wird nämlich schon eine Art Vorentscheidung getroffen, ob und inwieweit die Betriebsabrechnung ihre konkreten Ziele erfüllen kann.

In den letzten Jahren hat sich die Einordnung des Rechnungswesens in die Hierarchie des Unternehmens gewandelt. Da die Notwendigkeit eines aussagefähigen Rechnungswe-

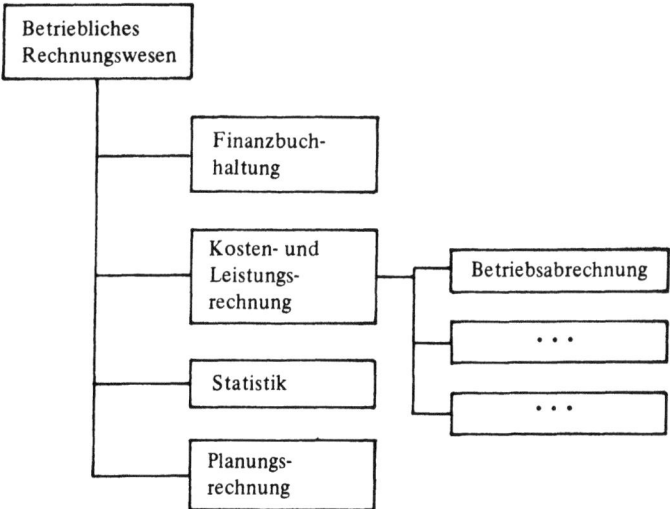

Abb. 6: Traditionelle Einteilung des Betrieblichen Rechnungswesens

sens, insbesondere einer modernen Kostenrechnung den Unternehmen immer mehr bewußt wird, rückt das Rechnungswesen und damit auch die Betriebsabrechnung immer stärker in den Mittelpunkt des unternehmerischen Interesses. Hier zeichnet sich eine ähnliche Entwicklung ab, wie sie schon beim Marketing (oder bei der Datenverarbeitung?) feststellbar war. Sehr viele Großfirmen sind dazu übergegangen, das Rechnungswesen entweder direkt dem Vorstand zu unterstellen oder hier sogar einen eigenen Vorstandsbereich zu bilden. Waren z.B. früher die Werkleiter eines bekannten amerikanischen Konzerns der Ausbildung nach Techniker, so sind sie heute hauptsächlich Kaufleute mit dem Ausbildungsschwerpunkt „Rechnungswesen" oder „Betriebsabrechnung".

Unabhängig von der Frage, wie das Rechnungswesen innerhalb des Unternehmens nach betriebsspezifischen Gesichtspunkten eingeordnet ist, hat sich eine Art „traditionelle" Einteilung des Rechnungswesens selbst herauskristallisiert.

Diese traditionelle Einteilung des Rechnungswesens in Finanzbuchhaltung (Geschäftsbuchhaltung), Kosten- und Leistungsrechnung (Betriebsbuchhaltung), Statistik und Planungsrechnung wird der betrieblichen Praxis sicherlich nicht immer gerecht. Wenn man heute Praxisbeispiele heranzieht, so findet man sie nur noch sehr selten. Viele Unternehmen bevorzugen statt dessen folgende Einteilung:

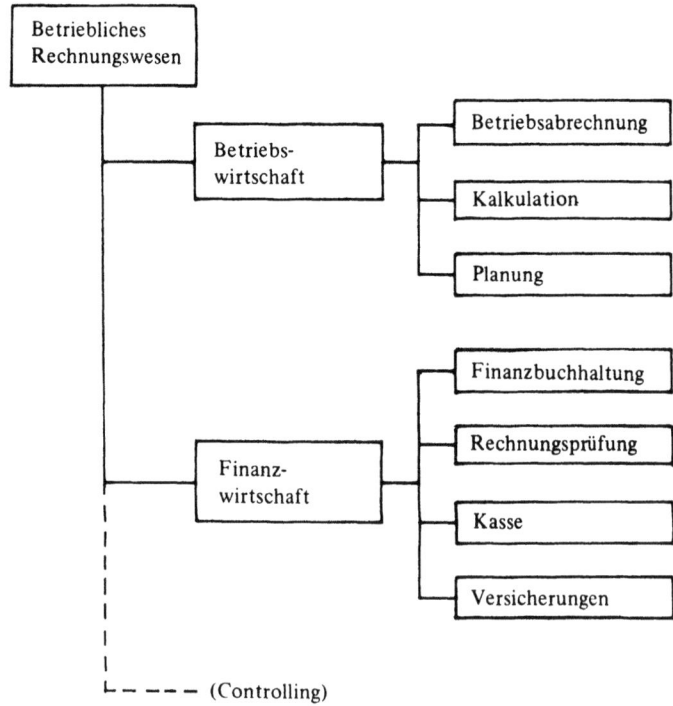

Abb. 7: Neuere Einteilung des Betrieblichen Rechnungswesens

Hauptvorteile dieser Gliederung des Rechnungswesens sind:
- einheitliche Aufgabenstruktur in den Abteilungen,
- dadurch mehr Überblick und leichtere Einarbeitung der Mitarbeiter,
- bessere Kommunikation mit anderen Abteilungen, insbesondere „Betriebswirtschaft" mit „Produktionsleitung".

Gliedert man das Rechnungswesen einer Großfirma nach der hierarchischen Stellung seiner Mitarbeiter im Unternehmen, dann ergibt sich folgendes Bild:

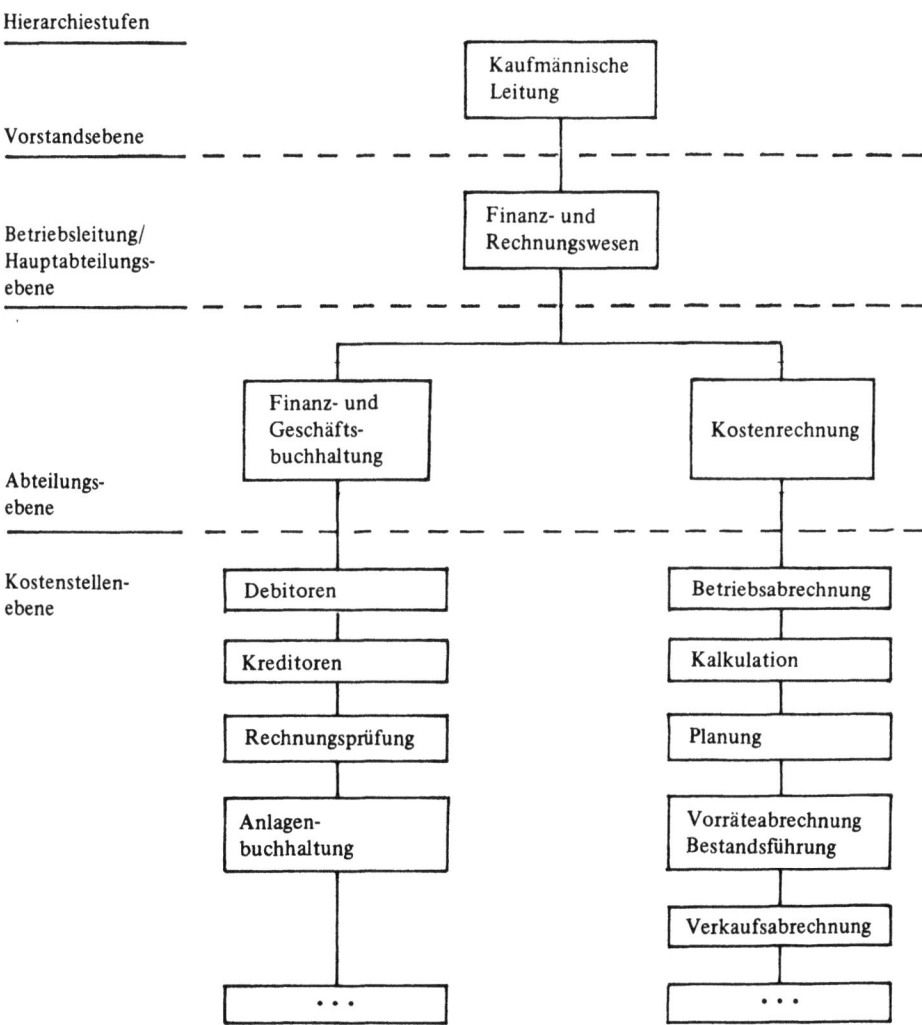

Abb. 8: Hierarchiestufe und Betriebliches Rechnungswesen

2.1 Woher kommen die Daten für die Betriebsabrechnung?

Die Bedeutung der Kostenerfassung wurde oben (1.2) bereits geschildert. In diesem Abschnitt wollen wir zeigen, welche Möglichkeiten für die Kostenerfassung in der Zusammenarbeit mit anderen Teilen des Rechnungswesens bestehen.

2.1.1 Die Finanzbuchhaltung als Informationsquelle der Betriebsabrechnung

Zweifelsohne ist die wichtigste Quelle die Finanzbuchhaltung! D.h. die im Betriebsabrechnungsbogen zu verarbeitenden primären Kostenarten sind in erster Linie in der Buchhaltung zu erfassen. Wichtigster Informationslieferant sind die Kontenklasse 4 des GKR[1]) bzw. die Kontenklasse 2 des IKR[1]). Dabei tritt zwangsläufig das Problem auf, wie die Buchhaltung zu gestalten ist, damit auch die Kostenrechnungsbelange nicht zu kurz kommen. In einigen Unternehmen ist es deswegen üblich, die Konten der Buchhaltung zu unterteilen, teilweise sogar pro Kostenart und Kostenstelle jeweils ein eigenes Konto zu erstellen (nicht zuletzt deshalb, weil es die Buchhaltung gewöhnt ist, für später notwendige Summen jeweils eigene Konten zu verwenden). Dies würde jedoch bedeuten, daß je nach Zahl der Kostenarten und Kostenstellen sehr viele Konten geführt werden müßten, die Finanzbuchhaltung würde völlig aufgebläht. Gehen wir z.B. nur von 50 Kostenarten und 30 Kostenstellen aus, so würden wir schon 1500 Konten benötigen, weil die meisten Kostenarten in sämtlichen Kostenstellen anfallen können. Hier gibt es zwei Lösungsmöglichkeiten:

a) Konventionelle (tabellarische) Vorgehensweise: Es wird nur jeweils ein Konto pro Kostenart und Kostenstelle angelegt. Zusatzinformationen werden in neben der Finanzbuchhaltung geführten statistischen Aufzeichnungen gespeichert und im sogenannten „Betriebsabrechnungsbogen" (BAB) aufgezeichnet.

b) Einsatz einer EDV-Anlage mit genügender Speicher- und Verarbeitungskapazität, so daß doch ausreichend viele Konten geführt werden können (buchhalterische Vorgehensweise).

2.1.2 Direkte Datenerfassung für die Betriebsabrechnung?

Es soll darauf hingewiesen werden, daß es natürlich möglich ist, die Daten für die Betriebsabrechnung völlig losgelöst und unabhängig von den Zahlen der Buchhaltung zu er-

---

[1]) Der GKR (Gemeinschaftskontenrahmen) und der IKR (Industriekontenrahmen) sind überbetrieblich festgelegte Schemata zur Anordnung der Konten der Finanzbuchhaltung.

mitteln. Generell gibt es zwei Möglichkeiten der Datenerfassung für die Betriebsabrechnung:
- Die Daten können aus der Finanzbuchhaltung mit Hilfe von Umrechnungen übernommen werden (sortiert, anders verdichtet, abgegrenzt usw.)
- Die Daten können völlig losgelöst von der Buchhaltung separat durch eine eigene Informationsstelle der Kostenrechnung erfaßt und in die Betriebsabrechnung eingegeben werden.

Wenn man die häufige Möglichkeit benutzt, die in der Finanzbuchhaltung ermittelten Verbrauchsgrößen heranzuziehen und in die Kostenrechnung zu übernehmen, muß man dabei berücksichtigen, daß diese Zahlen in der Buchhaltung unter anderen Kriterien ermittelt wurden, als dies für Kostenrechnungszwecke erforderlich wäre. Es gibt Daten, die für den Kostenrechner zwar von Bedeutung sind, die aber die Buchhaltung nicht interessieren und daher nicht erfaßt, z.B. Zusatzkosten (das sind kalkulierte Kosten ohne dazugehörende Ausgaben. Beispiel: kalkulatorische Miete für ein Haus im Firmenbesitz. Für ein solches Haus muß heute Miete bezahlt werden, da ja die Firma zugleich Hausbesitzer ist. In der Kalkulation wird aber eine Miete angesetzt, da das Haus ja genutzt wird).

In der betrieblichen Praxis werden diese beiden generellen Möglichkeiten zur Ermittlung von Kosteninformationen meist nicht alternativ, sondern *parallel* angewendet. Dies geschieht, indem man beispielsweise aus der betrieblichen Aufwandsrechnung die auch für die Betriebsabrechnung geeigneten Aufwandsarten übernimmt (u.a. prüfen auf Objektivität, Normalität, Aktualität, Genauigkeit und Vollständigkeit). Für die kalkulatorischen Kostenarten muß die Kostenrechnung ohnehin eigene Wertansätze bilden. Es verbleiben Kosten, die zwar in der Finanzbuchhaltung als Aufwand ausgewiesen sind, über die aber nicht genügend oder nur nach sachfremden Kriterien (Steuern) gesammelte Informationen vorliegen. Auch sie müssen nochmals getrennt erfaßt werden. Zwischen Finanzbuchhaltung und Betriebsabrechnung sollte also die Devise gelten: Soviel Zusammenarbeit wie möglich und nur soviel Einzelarbeit wie nötig!

Leider findet man gelegentlich in der betrieblichen Praxis auch eine völlige Zweigleisigkeit, d.h. die Kostenrechnung ist von der Finanzbuchhaltung strikt getrennt, beide Bereiche arbeiten mit völlig unterschiedlichen Informationsquellen, wie dies die rechte Hälfte der folgenden Abbildung verdeutlicht:

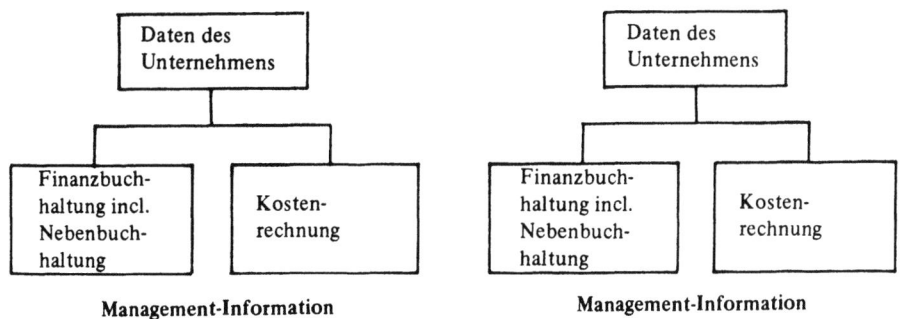

Abb. 9: Einkreis- oder Zweikreissystem bei der Datenerfassung im Rechnungswesen

32   Die Betriebsabrechnung als Teil des betrieblichen Rechnungswesens

Diese Form der absoluten Zweigleisigkeit der Datenerfassung und -rechnung bedeutet einen immensen Mehraufwand in verwaltungsmäßiger Hinsicht. Ziel sollte es deshalb sein, daß man so weit wie möglich in Unternehmen mit einer einzigen Informationsquelle arbeitet, d.h. daß man die Ergebnisse der Finanzbuchhaltung für die Betriebsabrechnung mit verwendet und nur dort, wo das nicht möglich ist, eine eigene Datenerfassung für die Betriebsabrechnung aufbaut.

Dies soll nun an Hand der Belege für die Betriebsabrechnung näher erklärt werden. Bei der untenstehenden Aufzählung steht jeweils in Klammern, ob der Beleg aus der Finanzbuchhaltung (FB) stammt oder direkt für die Betriebsabrechnung (BA) ermittelt werden muß (DE).

— *Rechnungen* für Werkstoffe, Gemeinkostenmaterial, Gebühren, Energie, Dienstleistungen usw. (FB)
— *Kassenbelege* für Lohn-, Gehalt und sonstige Auszahlungen, für bar bezahlte Rechnungen, Tagegelder, Reisespesen, Porti usw. (FB)
— *Zahlungsanweisungen* für Steuern, öffentliche Abgaben, Versicherungen usw. (FB)
— *Materialbelege* für den Verbrauch an Materialien, die Rückgabe an Materialien usw. (FB – DE). (Falls in Kleinbetrieben der Materialverbrauch nicht lagerkarteimäßig erfaßt wird, erfolgt meist die Zuordnung des Materials direkt aufgrund der Rechnungen, das ist natürlich problematisch, aber auch hier muß man die Praxis berücksichtigen, die oft bewußt aus Vereinfachungsgründen das Kostenverursachungsprinzip verletzt.)
— *Kostenrechnungsbelege* für alle jene Kostenarten, die für die Zwecke der Kostenrechnung generiert werden (vor allem für sämtliche kalkulatorischen Kosten, aber auch für Abgrenzungsposten, interne Auftragsabrechnung usw.). (DE)

Maschinenfabrik Schraubmichel

AUSGABEBELEG

Kostenwert (D. Kostenrechnung einzusetzen)	Art-Nummer (Kostenart)	Beschreibung	Lieferant	Zahl	Für
918.–	12406	Stanzform	Meier	2	Stanzerei
432.–	12002	Zinkblech 2,5 mm	Krapp	12	Stanzerei

Datum: Erhalten:
15.12.81   Huber

Abb. 10: Beispiel eines Kontierungsbeleges (Lagerausgang) für Kostenrechnungszwecke

Jeder Beleg sollte mindestens folgende Angaben enthalten:
1. den exakten Rechnungsbetrag;
2. die Kostenart und für die Buchhaltungszwecke auch natürlich das zu belastende Buchungskonto;
3. die Angabe der zu belastenden Kostenstelle (dies ist aber auch dann erforderlich, wenn nachträglich statistisch die Zuordnung auf Kostenstellen erfolgt);
4. eventuell Angabe des Kostenträgers (bei allen Einzelkosten, d.h. den Kostenarten, die direkt auf die Kostenträger zugeordnet werden können).

Außerdem sind beim Aufbau der Belege folgende Gesichtspunkte unbedingt zu berücksichtigen:
1. Die Angaben auf den Belegen sind deutlich vorzunehmen.
2. Der Aufbau des Beleges sollte den Zwang zur Lückenlosigkeit beinhalten.
3. Der Buchungsbeleg selbst sollte klar, übersichtlich und vollständig sein (hier kann man durch entsprechende Formulargestaltung schon entsprechenden Einfluß ausüben).
4. Externe Belege (z.B. Rechnungen) sind notfalls mit Aufklebern oder Stempelaufdrucken zu versehen oder so zu kennzeichnen, daß auch hier der Grundsatz der Lesbarkeit der wichtigen Angaben berücksichtigt ist.
5. Die Belege sind nach logischen Gesichtspunkten abzulegen (Kostenarten, Datum, usw.).
6. Keine Verrechnung ohne Vorliegen eines Beleges (dies erleichtert später die Abstimmung zwischen Betriebsabrechnung und Buchhaltung).

Alle diese Quellen müssen laufend auf Richtigkeit, Vollständigkeit und Wirtschaftlichkeit überprüft werden, um eine funktionierende Betriebsabrechnung zu gewährleisten! Auch dieser Gesichtspunkt wird in der Praxis meist sträflich vernachlässigt. Man glaubt, daß hier nicht die eigentlichen Probleme der Kostenrechnung liegen. Aber, und dies zeigt die Praxis, gerade hier beginnen die sich später so verhängnisvoll auswirkenden Fehler – bereits in der Datenerfassung!

2.1.3 Andere Informationsquellen für die Betriebsabrechnung und ihrer Belege – Praxistips

Die Betriebsabrechnung kann sich jedoch noch auf viele andere Informationsquellen stützen. Im folgenden einige Tips aus der Praxis: Woher kann man ohne viel Mühe die besten Informationen gewinnen?

Neben der Finanzbuchhaltung gibt es auch noch andere Informationsquellen, wo Daten für die Kostenrechnung generiert werden. Hier sind hauptsächlich die Nebenbuchhaltungen zu erwähnen (Lohn- und Gehaltsabrechnung, Materialbuchhaltung, Anlagenbuchhaltung), aber auch die Belege, die primär in der Kostenrechnung selbst erzeugt werden (innerbetriebliche Leistungsabrechnung, kalkulatorische Kostenarten, Abgrenzungen). Die folgende Übersicht soll zeigen, welche Datenquellen für die Betriebsabrechnung im allgemeinen in Frage kommen:

Art der Information	Quelle	Belegart
Gesamtpersonalaufwand evtl. gegliedert nach Gehältern, Löhnen (Brutto, Netto, Abzüge) und Lohn- und Gehaltsbestandteile	Finanzbuchhaltung	Lohn- und Gehaltsbelege
Unterteilung des Gesamt-Personalaufwandes nach Lohn- und Gehaltsbestandteilen, Kostenstellen und Kostenträgern – Löhne (Fertigungs-, Hilfs- und Leistungslöhne, Nichtleistungslöhne) – Gehälter (Produktivgehälter, Nichtproduktivgehälter) – Personalnebenkosten (freiwillige Sozialkosten, gesetzliche Sozialkosten, sonstige Personalnebenkosten) – Überstunden – Nachtzuschlag – Sonn- und Feiertagszuschläge – Zuschüsse und Zulagen – Mehr- und Nacharbeit, Wartezeiten	Lohn- und Gehaltsabrechnung	Aufzeichnungen der Lohn- und Gehaltsabrechnungsbelege (evtl. Kontenunterteilung nach Kostenarten und Kostenstellengesichtspunkten) z.B. Stempelkarten, Stundenaufschreibungen usw.
Gesamtmaterialaufwand (evtl. unterteilt nach Materialarten)	Finanzbuchhaltung	Kosten (Lagerzu- und -abgangsbelege)
Unterteilung des Gesamtmaterialaufwandes nach Kostenarten, Kostenstellen und Kostenträgern – Rohstoffe – Hilfsstoffe – Betriebsstoffe – fremdbezogene Teile – Handelswaren – sonstige Materialkosten	Materialbuchhaltung	Lagerkartei Bestandsrechnungen, Lagerzu- und -abgangsbelege
(kalk.) Abschreibungen	Anlagenbuchhaltung	Anlagenkartei (einschl. der Anlagenzu- und -abgangsbelege)
Innerbetriebliche Aufträge – selbst erstellte Maschinen und Anlagen – Eigenreparaturen und Wartung – Aufstellungs- und Abbruchkosten von Maschinen und Anlagen – Innerbetriebliche Leistungsverrechnung	Innerbetriebliche Leistungsabrechnung	Interne Auftragsabrechnungsbelege

Art der Information	Quelle	Belegart
Kalkulatorische Kostenarten - kalk. Abschreibungen - kalk. Miete - kalk. Wagnis - kalk. Unternehmerlohn - kalk. Zinsen	Kostenrechnung/ Finanzbuch- haltung/ Anlagenbuch- haltung	Interne Kosten- rechnungsbelege, Buchungsbelege

Sonstige Kostenarten
- Energiekosten
- Telefon, Telex, Telegramm,
  Portokosten
- Mieten und Pachten
- Fremdleistungen
- Büro- und Zeichenmaterial
- Fremdreparaturen und
  Fremdinstandhaltungen
- Reise-, Werbe- und Repräsentations-
  kosten
- Rechts- und Beratungskosten
- Steuern
	Finanz-
	buchhaltung/
	Kostenrechnung
		Konten, Rechnungen,
		Zahlungsanweisungen,
		interne Aufzeichnungen,
		Kostenverteilungsbelege

Abb. 11: Übersicht Informationsquellen und Belege für die Betriebsabrechnung

2.2 Gesamtzusammenhänge zwischen Kostenarten-, Kostenstellen- und Kostenträgerrechnung

Alle Kostenrechnungsverfahren basieren auf der Einteilung der Kostenrechnung in die Kostenarten-, Kostenstellen- und Kostenträgerrechnung. Es sollen deshalb zunächst einmal Gesamtzusammenhänge zwischen der Kostenarten-, der Kostenstellen- und der Kostenträgerrechnung verdeutlicht werden, um erst dann die jeweiligen Unterschiede herauszuarbeiten. Die folgende Abbildung verdeutlicht die Zusammenhänge:

Man sieht bei dieser Abbildung die sehr enge Verknüpfung der unterschiedlichen Teilbereiche der Kostenrechnung. Alles fließt in der Kostenträgerrechnung zusammen, in ihr „findet die Umgliederung der Kosten von der Herkunftseite zur Hinkunftseite des Betriebsgeschehens ihren Abschluß" [*Schäfer*]. Wenn die Kostenartenrechnung die in der Abrechnungsperiode angefallenen Kostenarten erfaßt (Fragestellung: *Welche* Kosten sind entstanden?), werden diese Kostenarten in der Kostenstellenrechnung gesammelt (Fragestellung: *Wo* sind die Kosten entstanden?) und schließlich in der Kostenträgerrechnung

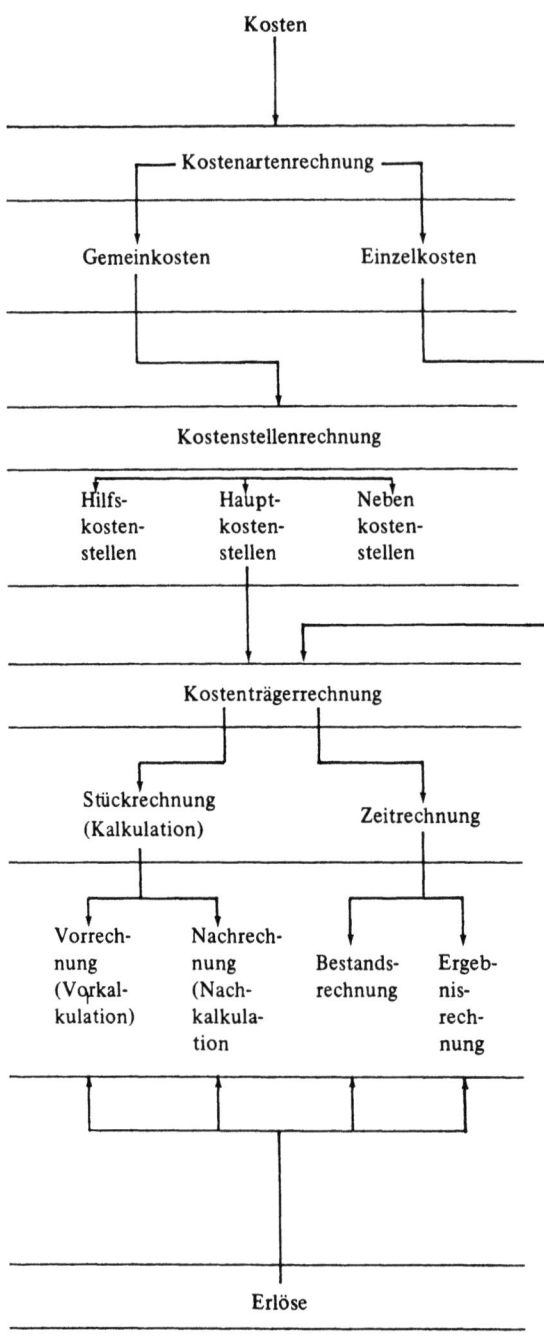

Abb. 12: Zusammenhänge zwischen Kostenarten-, Kostenstellen- und Kostenträgerrechnung

(Fragestellung: *Wofür* sind die Kosten entstanden?) auf die Kostenträger zugeordnet. Beim Aufbau einer Kostenrechnung im Unternehmen werden deshalb die Kosten entsprechend der jeweiligen Informationsaufgaben der Kostenrechnung mehr oder weniger fein aufgegliedert (in der Kostenartenrechnung), das Unternehmen gleichzeitig in Abrechnungseinheiten unterteilt (in der Kostenstellenrechnung) und entsprechend der gewünschten Genauigkeit bzw. dem Informationsgehalt der Ergebnisse das Kalkulationsverfahren festgelegt (in der Kostenträgerrechnung).

2.2.1 Grundprinzipien der Kostenartenrechnung

2.2.1.1 Was sind Kostenarten?

Der Kostenartenrechnung fällt die Aufgabe zu, die Kosten nach einem festzulegenden Katalog von Kostenarten zu erfassen (Fragestellung: *Welche* Kosten sind entstanden?). D.h. die Kostenartenrechnung beantwortet die Frage, welche Kostenarten in welcher Höhe in einem Unternehmen während einer bestimmten Abrechnungsperiode angefallen sind. Die Kostenartenrechnung ist davon abhängig, welche Informationsaufgaben an sie gestellt werden und wie genau die Kostenerfassung ist. Theoretisch ließen sich durch Erstellen entsprechender Belege sämtliche Kostenarten lückenlos erfassen. Wirtschaftlichkeitserwägungen, die Gefahr eines Verwaltungsbürokratismus und mangelnder Übersichtlichkeit stehen dem aber entgegen. Gerade hier wird aber in der Praxis oft nicht das richtige Maß zwischen notwendiger Kostenerfassung und übertriebener Kostenerfassung gefunden. (Z.B. wird oft im Unternehmen einerseits der Verbrauch an Büromaterial lückenlos mit kostspieligsten Methoden erfaßt, während andererseits der Rohmaterialverbrauch, der ein wesentlich größeres Gewicht hat, zum Teil sehr provisorisch z.B. durch Schätzungen ermittelt wird!)

Bei der Kostenartenrechnung müssen zwei wichtige Gesichtspunkte unbedingt beachtet werden: nämlich das Festlegen von Richtlinien zur Kostenartengliederung (Kontierungsrichtlinien) und die Bestimmung des Personenkreises, der die Belege den Kostenarten zuordnen („kontieren") darf. Es ist in der Praxis tatsächlich nichts verhängnisvoller, als wenn man hier nach unterschiedlichen Kriterien vorgeht (z.B. Prospekte einmal unter Büromaterial und ein andermal unter Werbeaufwand kontieren, oder EFV-Fremdprogrammierung in einer Periode auf EDV-Kosten, in einer anderen Periode auf Fremdleistungen kontieren). In der betrieblichen Praxis werden diese Fehler aber sehr häufig gemacht, nicht zuletzt deswegen, weil verschiedene und zum Teil nicht genügend qualifizierte Personen kontieren (Lehrling, der aushilfsweise kontiert!). Eine andere Fehlerquelle ist die in der Praxis häufige „Unsitte" der dezentralen Kontierung (jede empfangende Kostenstelle kontiert selbst!). Besonders bei der dezentralen Kontierung besteht die Gefahr, daß bewußt oder unbewußt falsche Kostenstellen belastet werden! Wenn man sich die Hauptaufgaben der Kostenartenrechnung vor Augen führt und bedenkt, daß sie Grundlage für die gesamte Kostenrechnung (Kostenartenkontrolle, Aufzeigen von Kostenentwicklungstendenzen, Ansatzpunkt für Kostensenkungsprogramme) ist, so kann man ohne Übertreibung vor Sparsamkeit am falschen Platz warnen. Dies könnte ja nicht nur die Aussagefähigkeit der Kostenartenrechnung gefährden, sondern auch die Aussagefähigkeit des gesamten Kostenrechnungssystems in Frage stellen.

Man sollte sich deshalb beim Aufbau der Kostenartenrechnung vergegenwärtigen, daß sie ja auch die Grundlage für die Kostenstellen- und Kostenträgerrechnung ist. Bereits in der Kostenartenrechnung werden also die Weichen für die Aussagefähigkeit des gesamten Kosteninformationssystems (insbesondere auch der Betriebsabrechnung) gestellt. Zusammenfassend können wir sagen, *daß jede Betriebsabrechnung nur insofern genau und aussagefähig sein kann, als sie auf präzisen und eindeutigen Werten der Kostenartenrechnung aufbaut.* Nichts erschwert eine Betriebsabrechnung mehr, als wenn man mit falschem Ausgangsmaterial arbeiten muß. Auch der Aufbau eines noch so fortschrittlichen Kostenrechnungssystems (z.B. flexible Plankostenrechnung) ändert nichts daran, daß die Aussagen, die auf einer falschen Kostenartenrechnung basieren, zwangsläufig falsch sein müssen!

2.2.1.2 Der Kostenartenplan

Am Anfang der Kostenartenrechnung steht die zweckmäßige Einteilung der einzelnen Konten (Kostenartenplan). Dabei sollte man folgendes berücksichtigen:
— Eindeutige Beschreibung des Inhaltes der einzelnen Kostenarten mit eindeutiger Kontierungsanweisung und Kostenarteneinordnung
— gleichartige Kostenarteneinordnung über viele Jahre hinweg
— Vollständigkeit des Kostenartenverzeichnisses, möglichst auf übersichtlichen Blättern eingeordnet (vgl. Abb. 13)
— Vermeidung von Überschneidungen und Vermischungen zwischen den verschiedenen Kostenarten
— klare, übersichtliche, nicht zersplitterte und den spezifischen Gegebenheiten eines Unternehmens angepaßte Kostenartengliederung
— einheitliche Kontenbezeichnung und -numerierung (Abb. 14)

Besonders die beiden letzten Punkte sind von herausragender Bedeutung für die Betriebsabrechnung. Man sollte es vermeiden, Kostenarten zu vermischen[2]. So findet man in vielen Unternehmen oft Bezeichnungen wie „Sonstige Kostenarten", „Sonstige Kosten" oder auch „Diverses" (z.B. in einem größeren metallverarbeitenden Unternehmen), „Sonstige Handlungsunkosten" (z.B. in einer mittleren Lackfabrik). Unter diesen Positionen befinden sich, wenn man näher hinschaut, sehr viele Kosten, die ohne großen Aufwand eindeutig anderen Kostenarten zugeordnet werden könnten. Sobald diese „obskuren" Kosten in einem Unternehmen wertmäßig zu groß werden, ist es allerhöchste Zeit für eine nähere Untersuchung. Die betriebliche Praxis zeigt, daß sich gerade hier für Kostensenkungsmaßnahmen besonders geeignete Positionen verstecken.

---

[2]) In der Praxis werden häufig Kostenarten- und Kostenträgergesichtspunkte vermengt, wie z.B. „Stromverbrauch Getränke" und „Stromverbrauch Speisekühlraum" in einer Gaststätte.

Unerläßlich für die Aussagefähigkeit einer Kostenartenrechnung überhaupt — ist auch die sinnvolle Gliederung der Kostenarten. Grundsatz für eine zweckmäßige Kostenartengliederung: *Jeweils solche Kosten, die sich durch ein Merkmal von allen anderen eindeutig unterscheiden, müssen zu einer Kostenart zusammengefaßt werden!* Kostenarten werden demnach gebildet, indem man aus dem Gesamtkostenblock solche Kosten herauslöst, die sich durch gemeinsame Merkmale von anderen Kosten unterscheiden. Theoretisch gäbe es dadurch beliebig viele Kostenarten. In der Praxis muß man sich deshalb auf die Bildung solcher Kostenarten beschränken, die für die Kostenrechnung vom Informationsgehalt her von Interesse sind (z.B. wäre es wenig interessant, die Gehaltskosten nach evangelischen und katholischen Gehaltsempfängern zu unterteilen). Eine sehr weitgehende Gliederung der Kostenarten ist für einige Kosteninformationen sicherlich sinnvoll, andererseits verursacht sie auch neue Kosten. Man muß beim Aufbau einer Kostenartenrechnung also darauf achten, daß auch hier die Kosten für den zusätzlichen Informationsgehalt in einem angemessenen Verhältnis zur Aussagefähigkeit der neuen Ergebnisse stehen.

Gründe für eine möglichst weitgehende, d. h. breite und tiefe Gliederung der Kostenarten können sein:

— Schaffung der Grundlage für eine exakte Weiterverrechnung (Zurechnung der Kosten auf die Kostenstellen und Kostenträger),
— Gewährleistung einer Kostenkontrolle für möglichst viele Kostenarten.

In der Theorie wurden eine Reihe von Gliederungskriterien entwickelt. Sie sollen hier nur der Vollständigkeit halber aufgeführt werden, da sie zum Teil für die Praxis nur in Ausnahmefällen anwendbar sein werden:

— Gliederung der Kostenarten nach Art des Verzehrs,
— Gliederung der Kostenarten nach ihrer Höhe (Bedeutung),
— Gliederung nach primären und sekundären Kostenarten,
— Gliederung nach Einzel- (Direkt), Gemein- (Indirekte) und Sonderkosten, d.h. nach Zuordnungsmöglichkeit und Verrechnung,
— Gliederung nach Verhalten der Kostenhöhe bei Änderungen des Beschäftigungsgrades,
— Gliederung nach der Häufigkeit des Auftretens,
— Gliederung nach der Ausgabenwirksamkeit,
— Gliederung nach betrieblichen Funktionen oder Entstehung,
— Gliederung nach Einzel- und relativen Einzelkosten.

Aus dieser Fülle von Gliederungskriterien muß sich das Unternehmen das für seine Zwecke Geeignete heraussuchen. Für die meisten Betriebe sind sicherlich nur die Gesichtspunkte von Bedeutung, die so gliedern:

nach der Höhe,
nach Zurechenbarkeit zu Produkten oder Aufträgen,
nach Verhalten der Kosten bei Veränderungen des Beschäftigungsgrades   und
nach den betrieblichen Funktionen.

Für Unternehmen mit finanziellen Engpässen besteht ein lohnender Ansatz für die Ko-

MATERIALVERBRAUCH			KLASSE:
Gruppe	Konto	Bezeichnung	
41		Rohstoffe	
	411	Granulat	
	412	. . . . .	
	413	. . . . .	
	414	. . . . .	
	415	. . . . .	
	416	Bezogene Folien	
	417	Bezogene Schläuche	
42		Sonstiges Fertigungsmaterial (Untergliederung wie in Klasse 1)	
43		Hilfs- und Betriebsstoffe	
	431 . .	Verpackungsmaterial (Gemeinkostenmaterial) Untergliederung wie in Klasse 1	
44		Handelswaren	
48		Geringwertige Wirtschaftsgüter	
49		Fremdbearbeitung	

	PERSONALAUFWAND		KLASSE:
Gruppe	Konto	Bezeichnung	
50		Anwesenheitslöhne	
	501	Zeitlohn	
	502	Leistungslohn	
	503	Heimarbeitslöhne und Aushilfslöhne	
	504	Erschwerniszulagen	
	505	Sonstige Zulagen	
	506	Überstundenzuschläge	
52		Nichtanwesenheitslöhne	
	521	Urlaubslöhne	
	522	Feiertagslöhne	
	523	Restliche Nichtanwesenheitslöhne (bez. Freizeit)	
	524	Urlaubszuschuß und Weihnachtsremuneration	
	525	Krankenentgelt	
53		Lehrlingsentgelte	
55		Gehälter	
	551	Laufende Bezüge techn. Angestellter	
	552	Sonderzahlungen an techn. Angestellte	
	553	Zusätzliche Bezüge techn. Angestellter	
	554	Laufende Bezüge kaufm. Angestellter	
	555	Sonderzahlungen an kaufm. Angestellte	
	556	Zusätzliche Bezüge kaufm. Angestellter	
56		Gehälter und Provisionen für eigene Vertreter	
	561	Vertreterfixa	
	562	Sonderzahlungen an eigene Vertreter	
	563	Provisionen	
57		Taggelder und sonstiger Personalaufwand	
58		Sonstige gesetzliche Personalnebenkosten	
	581	Gesetzlicher Sozialaufwand (Arbeitgeberanteil) für Arbeiter und gewerbliche Lehrlinge	
	583	Gesetzlicher Sozialaufwand (Arbeitgeberanteil) für Angestellte und kaufmännische Lehrlinge	
	586		
	587		
	588	Lohnsummensteuer	
	589	Wohnungsbeihilfe	
59		Sonstige Nebenkosten	
	590	Freiwilliger Sozialaufwand	
	591		
	592		

SONSTIGER AUFWAND		KLASSE:
Gruppe	Konto	Bezeichnung
60		Energiebezüge
	601	Strom
	602	Gas
	603	Wasser
61		Reinigung, Instandhaltung und Reparaturen durch Dritte
	611	Grundstücke und Gebäude
	612	Maschinen und maschinelle Anlagen
	613	Werkzeuge, Erzeugungshilfsmittel
	614	Betriebsausstattung
	615	Büroausstattung
	616	LKW
	617	PKW
62		Transporte durch Dritte (Ausgangsfrachten)
63		Postgebühren
	631	Brief- und Paketgebühren
	632	Telefon, Telegramm- und Telexgebühren
64		Rechts-, Prüfungs- und Beratungskosten
65		Zinsen- und Skontoaufwand
	651	Wechselzinsen
	652	Bankzinsen
	653	Verzugszinsen
	654	Skontoaufwand
66		Werbeaufwand, Repräsentation
	661	Werbeaufwand
	662	Repräsentation
	663	Spenden
67		Provisionen für selbständige Vertreter
68		Anlagenabschreibung
	681	Normale
	682	Vorzeitige und außerordentliche
	683	Buchrestwert verkaufter Anlagegüter
69		Schadensfälle
	691	Kreditverluste
	692	Kursverluste
	693	Gewährleistungen
	694	Forderungsverluste
	695	Inventurdifferenzen

SONSTIGER AUFWAND		KLASSE:
Gruppe	Konto	Bezeichnung
70		Mieten, Pacht, Renten
	701	Mieten
	702	Pacht
	703	Renten
71		Betriebliche Versicherungen
	711	Kfz-Versicherungen
	712	Maschinenversicherungen
	713	Sonstige betriebliche Versicherungen
72		Patent- und Lizenzgebühren
73		Betriebliche Steuern
	731	Gewerbesteuer
	732	Umsatzsteuer
	733	Grundsteuer
	734	Kfz- und Beförderungssteuer
	735	Sonstige betriebliche Steuern
	736	Körperschaftsteuer
	737	Vermögensteuer
74		Gebühren, Beiträge und öffentliche Abgaben
	741	Stempelgebühren
	742	Pflichtbeiträge
	743	Beiträge an Verbände und Organisationen
	744	Sonstige Abgaben und Beiträge
75		Diverse Aufwendungen
	751	Fahrtspesen und Reisenebenkosten
	752	Kilometergeld und PKW-Kostenersatz
	753	Spesen des Geldverkehrs
	754	Bücher und Zeitschriften
	755	Sonstige fremde Dienstleistungen
76		Aufwendungen für Vorperioden
77		Erlösminderung aus Vorperioden

Abb. 13: Beispiel: Kostenartenplan in der Kunststoffindustrie

FBH-Konto:	Nr.:	
Bilanzgliederungsschlüssel: Kostenart:		
INHALT:		Kostenstellen
BEISPIELE:		
enthält NICHT:	Konto Nr.	
ANMERKUNGEN:		

Abb. 14: Ein Blatt aus dem Kostenartenplan

stenartengliederung in der Ausgabenwirksamkeit der Kosten, weil hier insbesondere Liquidationsgesichtspunkte stärker berücksichtigt werden können, als das im allgemeinen in der Kostenrechnung der Fall ist.

2.2.2 Betriebsabrechnung und Kostenstellenrechnung

Im folgenden soll dargestellt werden, wie das Verhältnis von Betriebsabrechnung und Kostenstellenrechnung im Umfeld des gesamten Rechnungswesens zu sehen ist.

Aber was ist überhaupt Kostenstellenrechnung? Sie wurde geboren aus der Notwendigkeit, in den immer größer werdenden, komplexere Produktionsprozesse anwendenden und in ihrer Kostenstruktur immer unübersichtlicheren Betrieben überschaubare Teileinheiten mit eigener Abrechnungsbasis zu schaffen. Zunächst begann dies mit einer Einteilung der Kosten nach ihrem Entstehungsort. Man begann, beispielsweise die Kosten der Verwaltung von denen der Produktion, des Einkaufs, der Lagerhaltung und/oder des Vertriebs zu unterscheiden. Bald zeigte sich, daß diese allgemeine Unterscheidung einerseits zwar viele Fehlerquellen in sich barg, andererseits aber Ansatzpunkte zu einem bedeutenden Rationalisierungsinstrument in sich trug. Durch weitere und feinere Einteilung des Betriebs in einzelne Abteilungen, später in Verantwortungsbereiche (z.B. eine Maschinengruppe, eine Werkstatt etc.) kam man zur sogenannten Kostenstellenrechnung, die zugleich Voraussetzung und Kernstück der Betriebsabrechnung ist.

Was ist eine Kostenstelle? Unter diesem Begriff wollen wir einen Teil eines Unternehmens verstehen, der von anderen Teilen verantwortungsmäßig, kostenrechnerisch und sachlich abgegrenzt wird. Die Kostenstelle hat einen verantwortlichen Leiter z.B. Meister oder Vorarbeiter und bildet eine organisatorische Einheit. Sie wird in der Kostenrechnung als „Entstehungsort" bestimmter Kosten angesehen, und diese Kosten werden ihr zugerechnet. Sie kann sachlich durch eine einheitliche Kostenstruktur, durch bestimmte Aufgaben in der Leistungserstellung, häufig sogar durch bestimmte räumliche Grenzen dargestellt werden. Die Kostenstelle kann beispielsweise aus einer großen Maschine oder einer Maschinenkombination bestehen, beispielsweise die Flaschenabfüllanlage in einer Brauerei oder eine Rotationsdruckmaschine in einem Zeitungsverlag; sie kann aber auch eine Reihe von ähnlichen oder gleichartigen Maschinen oder Anlagen enthalten, beispielsweise der Fuhrpark eines Radio-Phono-Geschäfts, der für den Kundendienst verwendet wird, oder die Fotokopierstelle einer großen Werbefirma, in der mehrere Fotokopiergeräte für verschiedene Anforderungen ständig bereitstehen.

Aufgabe der Kostenstellenrechnung ist es nun, den Betrieb möglichst zweckmäßig in solche Kostenstellen einzuteilen und dann die in jeder Kostenstelle angefallenen Kosten sinnvoll und informationsbringend aufzugliedern, um ein möglichst wahrheitsgetreues Bild von der tatsächlichen Kostenlage in dieser Kostenstelle zu ermöglichen. Hinzu tritt die Verrechnung der Kosten zwischen den Kostenstellen, wie sie in den späteren Kapiteln beschrieben wird.

Somit wird die Kostenrechnung zu einem wichtigen Teilbereich der Betriebsabrechnung, denn je genauer in den Kostenstellen abgerechnet wird, desto besser wird die von den Kostenstellen weitergegebene Kosteninformation sein. Dies wird sich in den folgenden Kapiteln immer wieder zeigen, wenn die Abrechnung in und zwischen den Kostenstellen im einzelnen zu schildern ist.

2.2.3 Betriebsabrechnung und Kostenträgerrechnung

Wenn wir von der Gliederung der vorangegangenen Abschnitte ausgehen, dann zeichnet sich schon jetzt relativ klar der Weg der Kostenbeträge durch das Rechnungswesen ab. Nach der Erfassung — häufig im Rahmen der Finanzbuchhaltung — werden sie zunächst nach Kostenarten eingeteilt, also in erster Linie danach, welche Kostengüter verbraucht worden sind. Diese Kostenarten werden dann den verschiedenen Kostenstellen zugeordnet, also danach unterteilt, wo sie verbraucht worden sind. Wie später noch im einzelnen beschrieben werden wird, lassen sich dabei durchaus auch Aufstellungen darüber anfertigen, welche Kostenarten in den einzelnen Kostenstellen nun tatsächlich vertreten waren. Es verbleibt jedoch die Frage, *wofür* diese Beträge eigentlich aufgewendet werden, warum die Kostenstellen arbeiten, zu welchem Zweck der Betrieb unterhalten wird. Um diese Fragen zu beantworten, müssen wir die Kostenträgerrechnung kennenlernen.

Technisches Ziel der Produktion ist das Erstellen von Produkten (bzw. von Dienstleistungen), und dafür werden die entstehenden Kosten in Kauf genommen. Nach dem Kostenverursachungsprinzip gilt es also, jedem Produkt die Kosten zuzurechnen, die für dieses angefallen sind. Damit sind wir schon mitten in der Kostenträgerrechnung, denn die Ermittlung der Selbstkosten (Kalkulation) ist einer ihrer wichtigsten Bestandteile. Aufgabe der Kostenträgerrechnung ist es nämlich, die nach Kostenarten und Kostenstellen aufgegliederten Beträge verursachungsgemäß an Produkte oder andere Kalkulationseinheiten weiter zu verrechnen.

Kostenträger in diesem Sinne können je nach Informationsbedarf und kostenrechnerischem Standpunkt einzelne Artikel, aber auch Produktgruppen, Teilsortimente, Kunden oder Kundengruppen und/oder Regionen sein. Am gebräuchlichsten ist es, einzelne Artikel zum Kostenträger zu machen und die Selbstkosten zu ermitteln. Da bei der Wahl anderer Einheiten im Prinzip ähnlich verfahren wird, wollen wir den Zusammenhang von Kostenträgerrechnung und Betriebsabrechnung nur an diesem Beispiel ausführlicher darstellen.

Wenn ein Unternehmen nur ein Produkt herstellt, ist die Kalkulation relativ einfach. Man prüft am Jahresende, wieviel Stück produziert worden sind und dividiert die gesamten angefallenen Kosten durch diese Stückzahl. Das Ergebnis ist der durchschnittliche Kostenbetrag pro Stück, in dem auch sämtliche Fixkosten berücksichtigt worden sind.

Dieser theoretisch vereinfachte Fall tritt jedoch nur noch sehr selten auf, denn kaum ein Unternehmen ist heute ein echter Einproduktbetrieb. Die meisten Firmen haben mehrere, oft sogar Hunderte oder Tausende von Artikeln in ihrem Sortiment — und dann interessiert es uns nicht mehr, wieviel Kosten durchschnittlich anfallen, sondern wir möchten wissen, wie hoch die Kosten jedes dieser Artikel sind.

Grundlage einer verursachungsgerechten Kostenzurechnung zu den Artikeln ist nun die Betriebsabrechnung. Sie stellt die Kosten der einzelnen Abteilungen ihren Leistungen gegenüber und ermöglicht es, die unterschiedliche Beanspruchung des Betriebs durch die unterschiedlichen Artikel zu überprüfen, darzustellen und kostenrechnerisch auszudrükken. Durch die Einteilung nach Kostenarten und Kostenstellen kommt ein übersichtliches Bild zustande, das vorteilhaft als Grundlage von Kostenkontrolle, kostenrelevanten Entscheidungen und Entscheidungen aus dem Bereich der Produkt- und Sortimentspolitik dienen kann. Die Betriebsabrechnung liefert nämlich beispielsweise Informationen darüber, wie stark eine bestimmte Kostenstelle (z.B. der Fuhrpark) durch ein bestimmtes Produkt belastet wurde (z.B. wieviel Kilometer es durchschnittlich ausgefahren werden muß), und wieviel diese beanspruchte Leistung kostet (z.B. ausgedrückt in DM/km). Mit diesen Informationen aus der Betriebsabrechnung läßt sich ermitteln, wie hoch die für das betreffende Produkt angefallenen Transportkosten sind. Hierzu wären dann die anderen, vom gleichen Produkt in anderen Kostenstellen empfangenen Leistungen zu addieren, um schrittweise die gesamten Selbstkosten zu erhalten. Die Betriebsabrechnung kann demnach als Informationslieferant für die Kostenträgerrechnung angesehen werden.

2.3 Einzelkosten und Gemeinkosten

Zum Abschluß dieses Kapitels wollen wir noch eine für die Betriebsabrechnung und ihre Einfügung in das Gesamtrechnungswesen sehr wichtige Unterscheidung einführen, die zwischen Einzel- und Gemeinkosten.

Viele Kostenbeträge können eindeutig einem bestimmten Artikel zugeordnet werden. Beispielsweise sind dies im allgemeinen die Kosten für Rohmaterial, wie z.B. Leder für Schuhzeug, Farbe für Kinderspielzeug, Papier für Bücher usw. Der Weg dieser Materialien in das Endprodukt läßt sich körperlich leicht nachverfolgen, es kann oft sogar bewiesen werden, welches Stück Papier dann schlußendlich in welchem Buch gelandet ist, usw. Auch bei der Zurechnung dieser Kosten zu den einzelnen Artikeln entstehen normalerweise keine großen Schwierigkeiten, da aufgrund der technischen Eigenheiten des betreffenden Produktionsprozesses die pro hergestelltes Stück benötigte Verbrauchsmenge ohne weiteres festgestellt werden kann. Derartige Kosten, die für ein bestimmtes, einzelnes Produkt oder einen einzelnen Artikel entstehen, nennen wir

Einzelkosten.

Wichtige Beispiele für Einzelkosten sind die Roh-Materialkosten, die Kosten eines Außendienstlers, der nur für das betreffende Produkt arbeitet, die Kosten eines Kredites, der für die Produktion eines bestimmten Produktes aufgenommen wurde usw.

Im Gegensatz zu den Einzelkosten gibt es aber auch

Gemeinkosten,

die sich nicht ohne weiteres einem einzelnen Produkt zurechnen lassen oder ihm zumindest aus Vereinfachungsgründen nicht zugerechnet werden. Dabei handelt es sich um solche Beträge, die für mehrere Produkte gleichzeitig aufgewendet werden. Typische Beispiele für echte Gemeinkosten sind die Betriebskosten eines Lastwagens, auf dem gleichzeitig mehrere Artikel befördert werden, oder die Kosten eines Gebäudes, in dem mehrere Artikel produziert werden. Viele Beträge könnten zwar bei theoretisch ganz exakter, sehr arbeitsintensiver Ermittlung ihrer genauen Verursachung einzelnen Produkten zugerechnet werden, ohne daß dies jedoch in der Praxis durchgeführt wird. Oft stehen beispielsweise Kostengründe einer genauen Zurechnung von Schmieröl oder Kleinmaterial zu verschiedenen Produkten genauso entgegen wie einem Nachweis beim Verbrauch von Strom, Wasser, Arbeitszeit eines Managers oder Heizenergie. Auch solche Beträge, die zwar theoretisch einzelnen Produkten zugerechnet werden könnten, in der Praxis aus Rationalisierungsgründen jedoch nicht zugerechnet werden, zählen zu den Gemeinkosten.

Naturgemäß ist diese Unterscheidung für die Betriebsabrechnung sehr wichtig. Ihre Hauptaufgabe wird, nicht etwa in der an und für sich einfachen Zurechnung der einzelnen Kosten bestehen, sondern in der möglichst verursachungsgerechten und dennoch kostengünstigen Behandlung der Gemeinkostenbeträge, deren Anteil an den gesamten Kosten eines Betriebs ständig im Steigen ist.

2.4 Zusammenfassung

Dieses Kapitel sollte die Betriebsabrechnung in den Gesamtzusammenhang des betrieblichen Rechnungswesens stellen. Sie ist dem Bereich der Kostenrechnung zuzuordnen, dem Finanzbuchhaltung, Statistik und Planungsrechnung gegenüberstehen; innerhalb der Kostenrechnung geht sie von den Ergebnissen der Kostenartenrechnung aus, arbeitet mit Hilfe der Kostenstellenrechnung eine verursachungsgerechte Gliederung der (Gemein-) Kosten aus und liefert somit die Voraussetzung für die Kostenträgerrechnung.

Nachdem nun Ziele und Stellenwert der Betriebsabrechnung aufgezeigt wurden, wird sich der nächste Abschnitt mit der Durchführung der Betriebsabrechnung beschäftigen: *Wie* wird's gemacht?

3. Aufbau der Betriebsabrechnung

3.1 Formen der Betriebsabrechnung

Um den folgenden Text möglichst anschaulich zu gestalten, wollen wir den Stoff am Beispiel eines Betriebsabrechnungsbogens (BAB) darstellen. Er enthält in Tabellenform alle Kostenarten und alle Kostenstellen. Wie das aussieht, zeigt Abbildung 13.

Man kann zwischen einem *einfachen* und dem *erweiterten* Betriebsabrechnungsbogen unterscheiden. Der einfache Betriebsabrechnungsbogen (für kleinere Betriebe) beschränkt sich auf je eine Kostenstelle in den einzelnen Bereichen (z.B. Stoffbereich, Fertigungsbereich, Verwaltungsbereich). Der erweiterte Betriebsabrechnungsbogen (für größere Unternehmen) hat eine weitergehende Unterteilung sowohl nach Kostenstellenbereichen als auch nach Kostenstellen. Eventuell bietet sich auch noch eine Unterteilung nach Kostenplätzen an. Je nachdem, wie fein diese Unterteilung im Betriebsabrechnungsbogen vorgenommen wird, reicht die traditionelle Tabellenform aus, oder aber es muß der Betriebsabrechnungsbogen in Form von Karteikarten bzw. Listen für jede einzelne Kostenstelle durchgeführt werden.

Trotz des zum Teil unterschiedlichen Aussehens des Betriebsabrechnungsbogens (Karteikarte, große tabellarische Übersicht, Kostenstellenblatt Schuppenform) ist der Aufbau aller Erscheinungsformen des Betriebsabrechnungsbogens in der Praxis doch einheitlich.

3.2 Aufbau des Betriebsabrechnungsbogens

Unabhängig von den vielen Varianten des Betriebsabrechnungsbogens in der Praxis besteht die Aufbauorganisation des Betriebsabrechnungsbogens aus einer tabellarischen Übersicht, in der die Kostenarten senkrecht und die Kostenstellen, Bereiche und eventuell Kostenplätze (lt. Kostenstellenplan) waagerecht aufgeführt sind. Die folgende Übersicht soll die Gesamtzusammenhänge zwischen Kostenarten-, Kostenstellen- und Kostenträgerrechnung wieder herstellen und gleichzeitig den Aufbau eines jeden Betriebsabrechnungsbogens wiedergeben (Abbildung 16).

Diese Abbildung zeigt, daß Teile der Kostenartenrechnung direkt in die Betriebsabrechnung eingehen und dort weiter verarbeitet werden. Ein Teil der Kostenarten geht direkt in die Kostenträgerrechnung[1]. Der Teil der Kostenarten, der in die Betriebsabrechnung eingeht (die Gemeinkosten[2]), wird im Betriebsabrechnungsbogen verarbeitet und

---

[1]) Man nennt diese Kostenarten Einzelkosten, weil sie einem einzelnen Produkt oder Auftrag (SEK) ohne Schwierigkeiten zugerechnet werden können. Beispiel: Materialverbrauch, vgl. Abschnitt 2.3 in diesem Band. Manche Firmen führen die Einzelkosten auch durch den BAB, z.B. als Bezugsgröße für den Gemeinkostenzuschlag (nicht empfehlenswert).

[2]) Diese Kosten entstehen für mehrere Produkte gemeinsam, deshalb ‚Gemeinkosten'. Sie sind allen Produkten zuzurechnen, die die Kostenstelle durchlaufen.

(Gemein-) Kostenarten \ Kostenstellen	Zahlen der Betriebsabrechnung	Allgemeine Hilfskostenstellen	Fertigungshilfskostenstellen	Fertigungshauptkostenstellen	Sonstige Hauptkostenstellen
1. Verteilen primärer Gemeinkosten auf die Kostenstellen nach dem Verursachungsprinzip					
2. Verteilen sekundärer Gemeinkosten (Durchführung der innerbetrieblichen Leistungsverrechnung)					
3. Ermittlung der Gemeinkostenverrechnungssätze (Bildung von Kalkulationssätzen)					
4. Ermittlung von Über- und Unterdeckungen					
5. Ermittlung von Kennzahlen und Kostenkontrolle					

Abb. 15: Grundstruktur des Betriebsabrechnungsbogens

kommt dann nur indirekt wieder in die Kostenträgerrechnung. Es lassen sich also im wesentlichen 5 große Arbeitsschritte bei der Durchführung der Betriebsabrechnung erkennen:

– Verteilen der Gemeinkosten auf die Kostenstellen,
– Leistungsverrechnung zwischen den Kostenstellen,
– Ermittlung von Gemeinkosten-Verrechnungssätzen oder Kalkulationszuschlägen,
– Feststellen von Über- oder Unterdeckungen,
– Ermitteln von Betriebskennziffern und Kostenkontrolle.

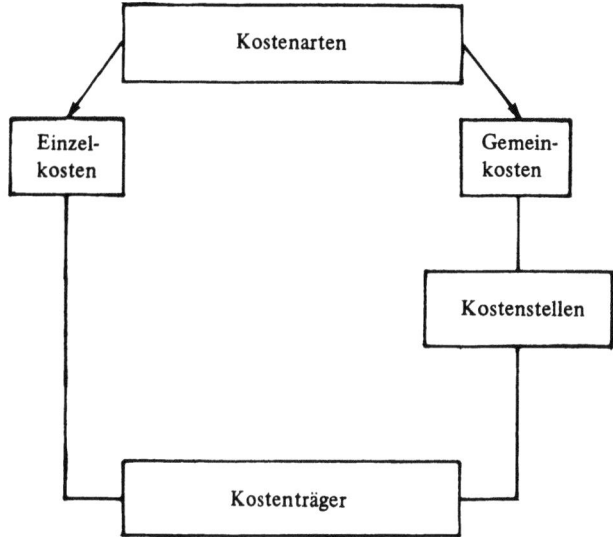

Abb. 16: Einbettung der Betriebsabrechnung in die Kostenrechnung

3.3 Varianten der Betriebsabrechnung in der Praxis

Ist die Grundstruktur des Betriebsabrechnungsbogens auch vorgegeben, so unterscheiden sich die Betriebsabrechnungsbögen in der Praxis doch z.T. erheblich. Dies beginnt bereits mit der Spalte „Zahlenmaterial". Hier gibt es sehr viele Unternehmen, die mit den Zahlen der Finanzbuchhaltung arbeiten und bewußt die damit verbundenen Mängel in Kauf nehmen (vgl. 2.1.2). Je nachdem, ob man die Zahlen der Buchhaltung im Betriebsabrechnungsbogen korrigiert oder separat erfaßt, hat der Betriebsabrechnungsbogen eine oder mehrere Ausgangssummenspalten. Falls er bereits von korrigierten Zahlen der Betriebsabrechnung ausgeht, ist eine Summenspalte im Betriebsabrechnungsbogen ausreichend. Andernfalls sind drei Summenspalten notwendig (Zahlen der Buchhaltung

Aufbau der Betriebsabrechnung

FIRMA BETR		BETRIEBSABRECHNUNG		Zeitraum	Bereich	Kostenstelle
				Kostenstellenleiter		

A. SOLL-ISTKOSTENVERGLEICH NACH KOSTENARTEN

KA Gr	Kostenart		Istkosten	Sollkosten	Abweichung lfd. Monat	in %	Abweichung seit Jahresbeg.	in %
1	Fertigungslöhne							
	Zusatzlöhne							
	Hilfslöhne	Vorarbeiter, Untermeister						
		Transport-, Lagerarbeiter						
		Reinigungsarbeiten						
		Aufstecken, Abziehen						
		Spezielle Arbeiten						
	Prämien, Zulagen, Zuschläge							
	Kalk. Sozialzuschlag, Lohn							
	Gehälter, Überstundengeh.							
	Kalk. Sozialzuschlag, Gehalt							
2	Heiz- und Treibstoffe							
	Reinigungs- u. Schmiermittel							
	Hilfsstoffe u. Chemikalien							
	Betriebsstoffe u. Werkzeuge							
	Büromaterial							
	Lieferung u. Leistung v. auswärts							
	Energie und Fremdbezug							
3	Instandhaltungskosten							
	Innerbetr. Transport							
	Fehlerbes., Nacharb., Ausbes.							
4	Verschiedene Gemeinkosten							
5	Kalkulatorische Kosten für	Abschreibungen						
		Anlage- u. Maschinenkosten						
		Betriebsmaterial						
		Zinsen auf Anlage- und Umlaufvermögen						
		Raum						
		Leitung						
		Transport						
		Energie: Dampf						
		Strom						
		Gas, Wasser, Preßl.						
	Summe ohne Abweichungen (A–C)							
A	Tarifabweichungen		TA Ges	= TA Fr.St	+ TA E.St			
B	Preisdifferenzen		PD Ges	= PD Fr.St	+ PD E.St			
C	Abweichungen von anderen Stellen		VA Fr.St		GA Fr.St			
	Summe einschl. Abweichungen (A–C)							

B. SOLL-ISTKOSTENVERGLEICH NACH KOSTENARTENGRUPPEN

KA Gr	Kostenartengruppen							
1	Personalaufwendungen							
2	Hilfs- und Betriebsstoffe							
3	Innerbetr. Leistungen							
4	Versch. Gemeinkosten							
5	Kalkulatorische Kosten							
	Summe der Abweichungen (A–C)							
	Summe einschl. Abweichungen							

C. SUMMEN MONATLICH UND SEIT JAHRESBEGINN

Ges. Istkosten – Ges. Tarifabw. AK – Tarifabw. LK – Ges. Preisdiff. – Verbr. Abw. Fr.St. = Istkosten   Soll-Arb.Kosten – (Plan-)Leerkosten – VA Eig. St.

D. BEZUGSGRÖSSEN UND KOSTENSÄTZE

BZG	Bezugsgrößenbezeichnung	Bezugsgrößenmenge Plan	Ist	Beschäftigungsgrad in % monatlich	seit Jahresb.	Ges. Abw. bezogen auf SAK in % monatlich	seit Jahresbeg.	Istarbeitskostensatz monatlich	seit Jahresbeg.

E. GESAMT-BESCHÄFTIGUNGSGRAD

	(Plan-)Leerkosten – Gedeckte Leerkosten = Beschäftigungsabw.			B.-Abw.%	Sollarbeitskosten	Planarbeitskosten	Ges. Besch. Grad in %	VA Eigene St. a SAK %	Ges. Abw. a SAK %
M									

Varianten der Betriebsabrechnung in der Praxis

SOLL-IST-KOSTENVERGLEICH

Werk:				Monat:			
Kostenstelle:		Kostenstellen-Bezeichnung:			Kostenstellen-Leiter:		

KA	Kostenarten-Bezeichnung	BAB Zeile	Ist-Kosten Monat	Soll-Kosten Monat	Abweichung Monat	%	Ist-Kosten Lfd. Jahr	Abweichung Lfd. Jahr	%
	Fertigungslöhne	6							
	Zusatzlöhne	7							
	Instandhaltung u. Reparatur i. eig. Kostenstelle	8							
	Mehrarbeit	9							
	Gruppenführer und Einrichter	10							
	Kontrolle und Werkstoffprüfung	11							
	Pförtner, Transport, Lehrlinge, Reinigg., Betriebsrat	12							
	Sonstiger Hilfslohn	13							
	Lohnzuschläge	14							
	Sozialaufwendungen Lohn	15							
	Gehälter, Honorare, Zeitpersonal	16							
	Sozialaufwendungen Gehalt	17							
	Summe Personalkosten	6–17							
	Betriebsstoffe	18							
	Geräte- und sonst. Gemeinkostenmaterial	19							
	Verschleiß- und Meßwerkzeuge	20							
	Energie, Brenn- und Treibstoffe	21							
	Instandhaltung u. Reparaturen/Eigen- u. Fremdleistung	22							
	Mehrkosten, Ausschuß, Nacharbeit	23							
	Steuern, Beiträge, Versicherungen	24							
	Inserate und Schulungsgebühren	25							
	Raum- und Maschinenmieten	26							
	Verkehrskosten	27							
	Bürokosten, Fachliteratur	28							
	Reise- und Repräsentationskosten	29							
	Kundendienst- und Werbekosten	30							
	Summe Gemeinkosten	18–30							
	Summe beeinflußbare Stellenkosten	6–30							

+/− Korrekturen = Zahlen der Betriebsabrechnung). Unmittelbar neben der jeweiligen Kostenart sollten die Verteilungsgrundlage und der Verteilungsschlüssel angegeben werden.

Neben der bereits gezeigten tabellarischen Form der Betriebsabrechnung hat sich in der Praxis immer stärker herauskristallisiert, daß es wesentlich übersichtlicher und „benutzerfreundlicher" ist, den Betriebsabrechnungsbogen in Einzelblätter zu zerlegen. Am Aufbau des Betriebsabrechnungsbogens ändert sich dadurch nichts, man legt lediglich pro Kostenstelle ein eigenes Blatt an. Durch entsprechende Verdichtungsblätter (nach Kostenstellengruppen oder Bereichen) wird eine Gesamtübersicht angestrebt. Die Abbildungen auf den vorangehenden Seiten sollen einige Varianten der Betriebsabrechnung in der Praxis zeigen.

3.4 Sinnvolle Kostenstellengliederung als Hauptvoraussetzung für eine aussagefähige Betriebsabrechnung

Wenn wir bereits in einem früheren Abschnitt betont haben, daß eine aussagefähige, sinnvolle und wirtschaftliche Gesichtspunkte berücksichtigende Kostenartengliederung eine Hauptvoraussetzung für eine funktionierende Betriebsabrechnung ist, so ist die zweite Hauptvoraussetzung eine den Bedürfnissen des jeweiligen Unternehmens entsprechende Kostenstellengliederung. Denn in der Kostenstellenrechnung werden die Kosten in das Planungs- und Kontrollsystem der Unternehmung bewußt einbezogen.

3.4.1 Kriterien für die Bildung von Kostenstellen

Die Bildung von Kostenstellen muß sich immer nach den spezifischen, betriebsinternen Gegebenheiten ausrichten, es gibt aber kein Patentrezept dafür. Hier spielen die betrieblichen Bedingungen eine entscheidende Rolle. Es haben sich eine Reihe wesentlicher Kriterien für die Bildung von Kostenstellen herauskristallisiert, nämlich:

1. Kostenstelle und Verantwortungsbereich sollten so weit wie möglich übereinstimmen, d.h., die Kostenstelle sollte ein selbständiger Verantwortungsbereich sein, um eine wirksame Kostenkontrolle zu ermöglichen. Sie sollte deshalb auch, wenn möglich, eine räumliche Einheit sein, um Kompetenzüberschreitungen in der Praxis zu vermeiden.
2. Es muß sichergestellt sein, daß die Kostenzuordnung auf die Kostenstelle möglichst genau erfolgen kann entsprechend dem Kostenverursachungsprinzip.
3. Einheitliche Kostenzusammensetzung der Kostenstelle, also z.B. gleiche Maschinen, homogener Leistungsbereich, ähnliche Aufgaben.

4. Der Buchungsaufwand für die Zuordnung der Kosten auf die Kostenstellen muß möglichst niedrig gehalten werden, d.h., für jede gebildete Kostenstelle müssen sich die Kostenbelege möglichst einfach kontieren lassen.

Auf die Frage, wie weit die Unterteilung von Kostenstellen gehen sollte, kann ebenfalls nicht allgemeingültig geantwortet werden. Man sollte sich aber bei jeder Unterteilung folgende Fragen stellen:

— Ist die Unterteilung wirtschaftlich?
— Ist sie für die klare und übersichtliche Kostenerfassung notwendig?
— Dient sie der genauen Kalkulation und der effektiven Kosten- und Leistungskontrolle?

Ein Beispiel soll die Problematik verdeutlichen:

Wenn in einem Unternehmen nur ein Teil der Produkte durch die Galvanisierung laufen würde, so würde der Verzicht auf die Kostenstelle Galvanisieren (z.B. indem sie in der Kostenstelle Oberflächenbehandlung untergeht) bedeuten, daß ein Teil der Produkte mit Kosten belastet werden würde, die sie eigentlich nicht zu tragen hätten. Es würden alle Produkte, unabhängig davon, ob sie galvanisiert werden oder nicht, mit den anteiligen Kosten für die Galvanisieranlage belastet werden. In diesem Zusammenhang stellt sich auch die Frage nach der evtl. notwendigen Unterteilung von Kostenstellen nach Kostenplätzen. Es wäre aus Kostenverursachungsgesichtspunkten nicht gerechtfertigt z.B. in einem Unternehmen, das Handarbeitsplätze, relativ billige Bohr- und Fräsmaschinen und daneben sehr teure Exzenterpressen hat, daß man diese drei unterschiedlichen Gruppen in einer Kostenstelle zusammenfaßt. Das würde bedeuten, daß die Produkte, die diese zusammengefaßte Kostenstelle durchlaufen würden, mit einem Mischsatz belastet würden, der nicht immer dem Kostenverursachungsprinzip entspräche. So wären Produkte, die nur über die Handarbeitsplätze laufen, eben nur mit dem niedrigeren Zuschlag der Handarbeitsplätze zu belasten.

Zur Entscheidung der Frage, wie tiefgehend die Kostenstelleneinteilung in den einzelnen Unternehmen vorzunehmen ist, kann man in der Praxis sogenannte kalkulatorische Fehlerrechnungen durchführen. Man vergleicht bei diesem Verfahren die jeweiligen Kalkulationssätze bei weitgehender Kostenstellenunterteilung mit den Sätzen bei einer gröberen Einteilung. Wenn die entsprechende Abweichung zwischen den beiden Sätzen eine bestimmte, vorher festzulegende Prozentgrenze überschreitet, so ist die exaktere Kostenstelleneinteilung zu wählen. Ein Beispiel soll das verdeutlichen:

Kostenart	Maschinen-bohrerei	Handbohrerei	Gesamt
Gemeinkosten (DM)	20.000,—	5.000,—	25.000,—
Bezugsgröße (Std.)	1.000	1.000	2.000
Kalkulationssatz (DM/Std.)	20,—	5,—	12,50

Wenn angenommen die Fehlerquote auf 10 % beschränkt sein sollte, so würde sich in diesem Beispiel ergeben, daß die Fehlerquote sowohl in der Maschinenbohrerei als auch in der Handbohrerei über der Toleranzgrenze von 10 % liegen würde. Die Fehlerquote wäre bei der Maschinenbohrerei 20,00 − 12,50 = 7,50 = 37,5 %. Die Fehlerquote wäre in der Handbohrerei 5,00 − 12,50 = 7,50 = 15 %.

Weiterhin sollte man bei der Einteilung der Kostenstellen berücksichtigen:
− Branche,
− Betriebsgröße,
− Produktionsprogramm,
− Organisationsform,
− Zweckmäßiger Arbeitsablauf,
− Einfluß starker Persönlichkeiten,
− Angestrebte Kalkulationsgenauigkeit,
− Angestrebte Kostenkontrollmöglichkeit.

3.4.2 Arten von Kostenstellen

Nach erzeugnistechnischen Gesichtspunkten und nach kalkulatorischen Gesichtspunkten unterscheidet man

− Hauptkostenstellen ⎫
− nebenkostenstellen ⎬ Endkostenstellen
− Hilfskostenstellen − Vorkostenstellen

Hauptkostenstellen sind Kostenstellen, für die ein eigener Gemeinkostenzuschlag ermittelt wird. Sie sind gewissermaßen kalkulatorisch selbständig und werden deshalb auch „Kalkulationsstellen" genannt. Soweit es sich um Fertigungshauptkostenstellen handelt, sind dies die Stellen, die primär mit der Erstellung der betrieblichen Leistungen betraut sind, z.B. Dreherei, Bohrerei, Fräserei.

Nebenkostenstellen sind abrechnungstechnisch in der gleichen Hierarchie wie Hauptkostenstellen. Auch für sie wird ein eigener Gemeinkostenzuschlag ermittelt. Der wesentliche Unterschied zu den Fertigungshauptkostenstellen besteht jedoch darin, daß die Nebenkostenstellen primär mit der Erstellung von Nebenleistungen betraut sind (Kuppelproduktion).

Hilfskostenstellen sind kalkulatorisch nicht selbständig. Es wird deshalb auch kein eigener Gemeinkostenzuschlagssatz für sie ermittelt. Die auf den Hilfskostenstellen gesammelten Kosten werden auf die Haupt- und Nebenkostenstellen umgelegt. Hilfskostenstellen sind nur Kostensammelstellen, die ihre Endbeträge an die Hauptkostenstellen abgeben. Leistungen dieser Kostenstellen sind für den gesamten betrieblichen Leistungserstellungsprozeß genauso bedeutungsvoll, nur fehlt hier die unmittelbare Beziehung zwischen Leistung und Endprodukt.

Sinnvolle Kostenstellengliederung

Man könnte die Haupt- und Nebenkostenstellen bzw. die Hilfskostenstellen auch nach den Kriterien *Vor-* und *Endkostenstellen* einteilen. Diese Einteilung erfolgt ebenfalls nach verrechnungstechnischen Gesichtspunkten und berücksichtigt, daß die Endkostenstellen ihre Kosten unmittelbar über die Bezugsbasen auf die Kostenträger bringen. Die Vorkostenstellen sind den Endkostenstellen verrechnungstechnisch vorgelagert. Sie geben ihre jeweiligen Kosten im Verfahren der Kostenstellenumlage an andere Vor- und Endkostenstellen ab. Auf die Endkostenstellen sind die gesamten Gemeinkosten nach Durchführung der Kostenstellenumlage gesammelt. Sie bilden die Zuschlagssätze für die Kalkulation.

Beispiele für Endkostenstellen sind der Materialbereich, die Fertigungshauptkostenstellen, der Vertriebsbereich und der Verwaltungsbereich. Auch Nebenkostenstellen können Endkostenstellen sein, nicht jedoch Hilfskostenstellen. Alle Hilfskostenstellen sind Vorkostenstellen.

3.4.3 Der Kostenstellenplan in der Praxis

In der Praxis findet man besonders häufig die Einteilung nach Funktionen, d.h. Tätigkeitsbereichen einerseits und nach Verantwortungsbereichen andererseits. Man sollte versuchen, diese beiden Kriterien in Einklang zu bringen.

Wichtig ist, daß sich die Aufstellung eines Kostenstellenplanes immer nach den Bedürfnissen des betreffenden Unternehmens orientieren muß. Bei größeren Unternehmen sollten die Kostenstellen neben ihren Bezeichnungen eine Kostenstellennummer erhalten, wobei sich meist eine Dezimalklassifikation anbietet.

Beispiel:

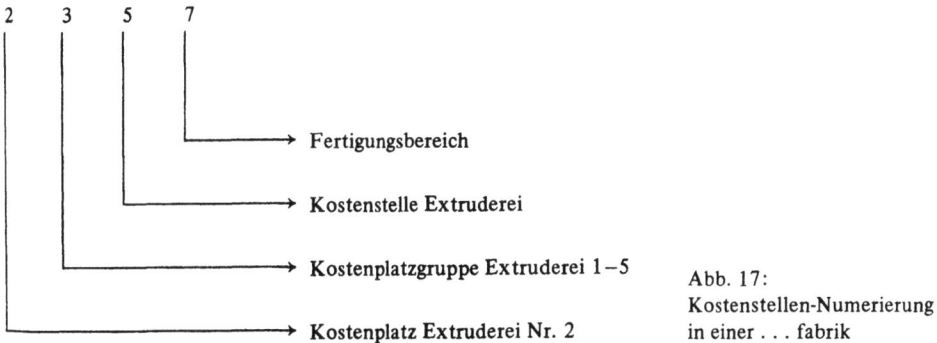

Abb. 17: Kostenstellen-Numerierung in einer ... fabrik

Bevor man in der Praxis einen Kostenstellenplan aufstellt, wird man folgende Arbeitsschritte einleiten:

1. Durchgang durch das Unternehmen und Aufnahme aller denkbaren Kostenstellen.
2. Sortieren der Kostenstellen nach Bereichsgruppen.
3. Aufteilung innerhalb der Bereichsgruppen in sinnvoller Reihenfolge und Vergabe von Kostenstellennummern.
4. Erstellen des endgültigen verbindlichen Kostenstellenplanes.

Nach Funktionen, d.h. Tätigkeitsbereichen würde man folgende Hauptgruppen von Kostenstellen in einem Kostenplan aufnehmen:

Kostenstellengruppe		Zuordnungsmerkmale
Allgemeiner Bereich/ Verteilhilfsstellen		Sie sind Hilfskostenstellen, die dem Gesamtunternehmen dienen. Ihre Leistungen werden von allen Kostenstellen beansprucht. z.B.: Gebäude, Grundstücke, Kesselhaus, Kraft- und Energieversorgung, Sozialeinrichtungen.
Fertigungsbereich	Fertigungshaupt- und Nebenstellen	Hierzu gehören die produzierenden Fertigungsstellen. Beispiele: Fräserei, Dreherei, Bohrerei, Montage, Lackiererei, Näherei.
	Fertigungshilfsstellen	Kostenstellen, die am Produktionsprozeß nur mittelbar beteiligt sind. Sie unterstützen die Fertigung, ohne das Produkt direkt zu bearbeiten. Beispiele: Arbeitsvorbereitung, Technische Leitung, Werkzeugmacherei, Reparaturwerkstatt, Konstruktionsbüro, Betriebshandwerker (z.B. Tischlerei, Schlosserei) evtl. Lohnbüro.
Entwicklungs- und Konstruktionsbereich		Kostenstellen des Entwicklungs- und Konstruktionsbereiches. Beispiel: Grundlagenforschung, Konstruktionsbüro, Entwicklungswerkstatt.
Materialbereich		Kostenstellen, die der Beschaffung, Annahme, Prüfung, Aufbewahrung, Lagerung und Ausgabe des gesamten Materialeinsatzes dienen. Beispiele: Einkauf, Roh-, Hilfs- und Betriebsstofflager (nicht Fertigwarenlager!)
Verwaltungsbereich		Kostenstellen der Unternehmensführung, des betrieblichen Finanz- und Rechnungswesens, die EDV, Planung und Statistik, Geschäftsleitung, Personalbüro, allgemeine Verwaltung.
Vertriebsbereich		Die gesamte Vertriebsorganisation (Verkauf, Werbung, Verkaufsförderung, Marketing, Vertreterstab, Außenstellen), Fertigwarenlager, Versand und Ausgangsfuhrpark, Kundendienst.
Neutraler Bereich		Betriebsfremder Bereich, dessen Kosten und Erträge zwar von der Finanzbuchhaltung erfaßt werden, aber wo mit dem betrieblichen Ergebnis kein Kausalzusammenhang besteht (z.B. angegliederte Gärtnerei, Erholungsheim).
Aussonderungsbereich		In diesen Bereich sind die Kosten für leerstehende Betriebsgebäude und ungenutzte Maschinen zuzuordnen, da sie in die Betriebsabrechnung nicht eingehen sollten.

Abb. 18: Hauptgruppen von Kostenstellen

Nachdem Sie Abb. 18 durchgearbeitet haben, empfehlen wir folgende Übung zur Erstellung eines Kostenstellenplanes:

Ordnen Sie die folgenden Kostenstellen nach Kostenstellengruppen / Bereichen unter Berücksichtigung des Funktionsprinzips:

Logistik, Dokumentation, Kantine, Pförtner, Trafoanlage, Betriebsrat, Gabelstapler, Technischer Einkauf, Auftragsabwicklung, Fuhrpark, Außendienst, Debitorenbuchhaltung, Betriebsabrechnung, Privathaus des Unternehmers.

Legen Sie auch fest, ob es sich um Haupt-, Hilfs- oder Nebenkostenstellen handelt.

Beispiel für Kostenstellengliederung eines kleineren **kunststoffverarbeitenden Unternehmens**:

Verteilhilfsstellen:	Grundstücke, Gebäude, Wege
	Energie- und Wasserversorgung
	Betriebshandwerker
	Betriebliche Transportmittel
Fertigungshauptstellen:	Extruderei
	Druckerei
	Spritzerei
	Schweißerei 1
	Schweißerei 2
	Handarbeit
	Konfektionierung
Fertigungshilfsstellen:	Arbeitsvorbereitung
	Technische Betriebsleitung
Materialbereich:	Eingangsfuhrpark
	Einkauf
	Roh-, Hilfs- und Betriebsstofflager
Verwaltungsbereich:	Geschäftsleitung
	Betriebliches Finanz- und Rechnungswesen
	Allgemeine Verwaltung
Vertriebsbereich:	Auftragsbearbeitung
	Verkaufsabteilung
	Versand- und Verpackungsstelle
	Fertigwarenlager
	Ausgangsfuhrpark

Beispiel eines größeren **elektrotechnischen Unternehmens**

Kostenstellenplan

5019   Sozialkostenstelle

Leitungskostenstellen

5021	Technische Stabsstellen
5022	Fertigungsplanung
5023	Fertigungssteuerung
5024	Leitung Produktionsvorbereitung
5026	Betriebsmittelkonstruktion
5028	Lehrwerkstatt
5031	Leitung, Kontrolle und Qualitätssicherung
5032	Fertigungskontrolle
5033	Qualitätssicherung

Materialkostenstellen

5070	Fuhrpark
5071	Einkauf
5072	Disposition
5073	Stücklistenorganisation
5074	Zentrallager und Rohstofflager
5075	Materialwirtschaft
5076	Wareneingang
5077	WE-Kontrolle Rohteile
5078	WE-Kontrolle elektrisch
5079	WE-Kontrolle mechanisch

Verwaltungskostenstellen

5080	Geschäftsleitung, Assistent der Geschäftsleitung, kaufmännische Leitung, technische Leitung
5082	Organisation und EDV
5084	Allgemeine Verwaltung
5085	Betriebswirtschaft
5086	Finanzwirtschaft
5087	Poststelle
5089	Telefon, Fernschreiber, Rohrpostanlage

Vertriebskostenstellen

5090	Vertriebsleitung (incl. Marketing)
5091	Vertrieb Inland
5092	Vertrieb Ausland
5093	Technische Dokumentation
5096	Versand und Fertigwarenlager
5097	Werbung

Raumkostenstellen

5101	Grundstücke, Gebäude, Zeit- und Signaluhren
5103	Heizung
5104	Raumpflege
5105	Werkssicherheit, Pförtner

Sozialkostenstellen

5111	Küche und Kantine
5112	Sanitätsstelle
5114	Betriebsrat
5115	Waschräume, Garderoben

Leitungskostenstelle

5121	Betriebsleitung

Energiekostenstellen

5140	Preßluftanlage
5141	Stromversorgung
5142	Wasserversorgung

Hilfsbetriebskostenstellen

5145	Werkzeugbau – Meisterei
5146	Werkzeugbau – Erodiererei
5147	Werkzeugbau – Dreherei
5148	Werkzeugbau – Fräserei
5149	Werkzeugbau – Schleiferei
5150	Werkzeugbau – Lehrenbohrwerk
5151	Werkzeugbau – Maschinen-, Sondermaschinen-Vorrichtungsbau
5152	Werkzeugbau – Hoblerei
5153	Werkzeugbau – Härterei
5154	Elektrowerkstatt
5155	Betriebsschlosserei
5156	Werkzeuglager, mechanische Fertigung
5157	Meßmittelkonstruktion und -bau
5158	Hofkolonne
5159	Innerbetrieblicher Transport

Mechanische Fertigungskostenstellen

5245	Meisterei, mechanische Fertigung
5246	Index – Automaten
5247	Tornos – Automaten
5248	Traub – Automaten
5249	Revolverdreherei

5250	Kummer-Halbautomaten
5251	Auswuchtmaschinen
5252	Fräserei
5253	Bohrstraße
5254	Rundtische
5256	Kleinbohrmaschinen und Reihenbohrmaschinen
5257	Automaten-Schleiferei
5258	Hand-Schleiferei
5259	Stanzerei
5260	Hydraulische Pressen und Dornpressen
5261	Magnethämmer
5262	Taumelnietmaschinen
5263	Punktschweißen
5264	Entgraten manuell
5265	Automaten-Gewindebohrer
5266	Waschmaschine und entgraten maschinell
5267	Sandstrahlerei
5268	Tastenfertigung
5269	Lackiererei

Montagekostenstellen

5345	Meisterei
5346	Einpressen
5347	Bandmontage, Einbau
5348	Reparatur mechanisch
5349	Reparatur elektrisch
5350	Prüffeld
5351	Endprüfung
5352	Packerei

4. Abrechnungstechniken der Betriebsabrechnung

In diesem Kapitel wollen wir uns mit einem Kernproblem der Betriebsabrechnung beschäftigen. Welche Abrechnungstechniken sind geeignet, die bereits oben vorgestellten Ziele der Betriebsabrechnung optimal zu erfüllen? Wichtige Problembereiche sind die Erfassung der Kosten und ihre Verteilung, die Wahl eines Leistungsmaßstabes in den Kostenstellen (Bezugsgrößenwahl), die verursachungsgerechte Verrechnung dieser Leistungen zwischen den Kostenstellen nach Menge und Wert und schließlich die Auswertung der Betriebsabrechnung durch Kennziffern. Befassen wir uns zunächst mit der Erfassung der Kosten an den Kostenstellen.

4.1 Kostenerfassung und Kostenverteilung

Bereits im ersten Kapitel (1.2) haben wir uns kurz mit der prinzipiellen Notwendigkeit befaßt, Kosten genau und richtig zu erfassen. Für die Betriebsabrechnung ist nicht nur wichtig, daß Kosten erfaßt werden, sondern auch, daß ihr Entstehungsort festgehalten wird. Damit befaßt sich der folgende Abschnitt. Danach wollen wir kurz zeigen, wie die Kosten einer Kostenstelle zusammengefaßt werden können.

4.1.1 Die Kostenerfassung nach dem Entstehungsort

Bereits aus dem 3. Kapitel geht hervor, daß für die Betriebsabrechnung grundsätzlich nur der in Kostenstellen gegliederte Betrieb als Entstehungsort von Kosten in Frage kommt. Wenn wir also nach dem Entstehungsort von Kosten fragen, fragen wir danach, welcher Kostenstelle ein bestimmter Kostenbetrag zugerechnet werden muß. Diese Frage sollte soweit irgend möglich durch verursachungsgerechte Kostenerfassung geklärt werden.

Dieses Prinzip wird beispielsweise angewendet, wenn in einem Betrieb kostenstellenweise Stromverbrauchs-Meßgeräte installiert werden, wenn Stechuhren nicht für den Gesamtbetrieb, sondern für jede einzelne Kostenstelle den Verbrauch an Arbeitszeit messen, wenn die zentrale Fotokopieranlage von den einzelnen Kostenstellen nur so bedient werden kann, daß gleichzeitig erfaßt wird, welcher Kostenstelle die Kopierkosten angelastet werden sollen („Kopierschlüssel" oder zumindest Aufzeichnung über Kopierverbrauch nach Kostenstellen), wenn im Materialanforderungsschein einer Fertigungs-Kostenstelle deren Kostenstellennummer und -name vermerkt ist usw.

Wie diese Beispiele zeigen, ist es also in vielen Fällen möglich, entstehende Kosten ge-

nau nach verursachender Kostenstelle zu erfassen. Leider trifft dies nicht für alle möglichen Fälle zu. So kennen wir auch Kosten, die sich nicht eindeutig einer bestimmten Kostenstelle zuordnen lassen, oder die in mehreren Kostenstellen gemeinsam verursacht werden und nur mehr oder minder willkürlich aufgeteilt werden könnten. Hier wären beispielsweise die Lohnkosten eines Meisters zu erwähnen, der zwei Kostenstellen gleichzeitig leitet, und der keine genauen Aufzeichnungen über den Arbeitsanfall bzw. Arbeitszeitverbrauch in den beiden Kostenstellen führt. Ein anderes Beispiel wären die Heizungskosten für einen Raum, in dem zwei Kostenstellen untergebracht sind. Ähnlich verhält es sich mit dem Verbrauch von Kleinmaterial, über den aus Kostengründen keine genauen Aufschreibungen geführt werden können, und dem Verbrauch von kleineren Dienstleistungen wie beispielsweise Kleinstreparaturen an Maschinen etc. So gibt es also Kosten, deren Verteilung auf verschiedene Kostenstellen nicht genau erfaßt wird oder werden kann. Diese Kosten nennen wir in Anlehnung an einen ähnlichen Begriff aus der Kostenträgerrechnung die *Kostenstellengemeinkosten*.
meinsam entstehen und deren Verbrauch in den einzelnen Kostenstellen nicht verursachungsgerecht abgegrenzt wird oder werden kann. Kostenstellengemeinkosten werden im allgemeinen pauschal auf die betroffenen Kostenstellen verteilt, wobei man sich natürlich bemühen wird, mit dem angewandten Verteilungsschlüssel die vermutete tatsächliche Verursachung möglichst genau zu treffen.

4.1.2 Die Aufstellung der Kostenstellenkosten

Kontrolle und Verantwortung in der Kostenstelle verlangen nach Information. Eine der wichtigsten Aufgaben des Kostenstellenleiters ist es ja, die Kostenverantwortung in seinem Bereich zu tragen und auszuüben. Er wird daher Informationen über die angefallenen Kosten und deren Aufteilung benötigen.

Die Betriebsabrechnung wird daher zunächst einmal bedacht sein, die gesamten Kosten einer Kostenstelle nach Kostenarten aufgeschlüsselt zusammenzufassen, und den Kostenstellenleiter darüber informieren. Eine solche „Kostenaufstellung" oder ein „Kostenstellenkonto" hat also nur den Zweck, zunächst einmal einen Überblick über die gesamten angefallenen Kosten in einer Kostenstelle zu gewähren. Dieser Überblick kann bereits wertvolle Aufschlüsse für den Kostenstellenleiter bieten, insbesondere wenn eine Vergleichsmöglichkeit mit Soll- oder Plankosten, mit den Kosten der Vorperiode, des Vorjahres, vergleichbare Kostenstellen o.ä. vorhanden ist. Vollständig aussagefähig wird diese Kostenaufstellung allerdings erst dann, wenn sie mit der in der Periode erbrachten Kostenstellenleistung verglichen wird. Ein absolut gesehen hoher Betrag von beispielsweise DM 100.000 an den Gesamtkosten kann in Wirklichkeit niedrig sein, wenn in der Periode eine sehr hohe Leistung in der Kostenstelle erbracht wurde; umgekehrt kann dann ein Kostenbetrag von „nur" DM 80.000 hoch sein, wenn die Leistung der Kostenstelle gering war. Aus diesem Grunde benötigen wir in der Betriebsabrechnung eine Möglichkeit, die Leistungen der einzelnen Kostenstellen zu messen. Damit befaßt sich der nächste Abschnitt.

4.2 Die Leistungsbestimmung der Kostenstellen

Dieser Abschnitt erläutert, welche Begriffe zur Leistungsbestimmung in Kostenstellen verwendet werden, sozu diese Begriffe dienen, welchen Anforderungen eine exakte Leistungsmessung genügen muß und warum gelegentlich kompliziertere Verfahren der Leistungsmessung angewendet werden.

4.2.1 Die Bezugsgröße als Leistungsmaßstab der Kostenstelle

Im Produktionsbetrieb besteht die Leistung einer Kostenstelle darin, daß sie etwas produziert. In einer sehr vereinfachten Darstellung könnte man sich darauf beschränken, zu zählen, wieviel in der Kostenstelle produziert worden ist, und die Zahl der produzierten Einheiten wäre dann ein Maßstab für die Leistung der Kostenstelle. Bedauerlicherweise ist es aber heute in den meisten Fällen nicht mehr ganz so einfach. Fast alle Betriebe sind Mehrproduktbetriebe, d.h. sie stellen mehrere verschiedene Produkte her, und das wirkt sich auch auf die Leistung der einzelnen Kostenstellen aus. Die Kostenstellen werden von verschiedenen Produkten durchlaufen, und das eine Produkt macht vielleicht mehr Arbeit als das andere, eine produzierte Leistung des einen bedeutet mehr Leistung als eine produzierte Leistung des anderen. Wir müssen daher einen gemeinsamen Nenner für die Produkte einer Kostenstelle finden. Statt einfach Stück zu zählen, müssen wir die Leistung bewerten, die von der Kostenstelle in die einzelnen Stücke gesteckt wird; die erfolgte Stückzahl muß dann auf diese Leistung bezogen werden. Die hierbei verwendeten Maßeinheiten bezeichnen wir als *Bezugsgröße*.

4.2.2 Wozu man Bezugsgrößen braucht

Bezugsgrößen werden im wesentlichen aus zwei Gründen benötigt:

Zum einen haben sie die Aufgabe, verschiedene Leistungsmengen, die von verschiedenen Produkten in derselben Kostenstelle in Anspruch genommen werden, auf einen allgemeinen Nenner zu bringen, gleichnamig zu machen.

Zum andern besteht ihre Aufgabe darin, dafür zu sorgen, daß die Leistung einer Kostenstelle auch in den richtigen Dimensionen gemessen wird. Oft ist es nämlich nicht richtig, einfach nur erfolgte Stück zu zählen; beispielsweise kann die Leistung einer Kostenstelle ja darin bestehen, ein bereits vorhandenes Werkteil nicht neu zu erzeugen, sondern „nur" zu lackieren oder zu erwärmen oder mit einer eingestanzten Nummer zu versehen oder seine Qualität zu kontrollieren. In jedem dieser Beispiele werden zwar Leistungen von der Kostenstelle erbracht, es wäre jedoch irreführend, diese Leistungen in „erfolgten" Stück zu messen.

Dies führt uns zu der Frage, in welchen Dimensionen denn Bezugsgrößen ausgedrückt werden sollen. Für manche Kostenstellen wird es sicherlich zweckmäßig sein, „durchgelaufene Stück" zu zählen und diese Zahl als Bezugsgröße zu verwenden. Dies wäre beispielsweise bei einer Abpackmaschine oder einer Abfüllmaschine denkbar, indem man die durchgelaufenen Orangen oder die abgefüllten Flaschen ja zählt; dieselbe Bezugsgröße wäre beispielsweise auch bei einer Behörde anwendbar, wenn es darum geht, die Zahl der bearbeiteten Anträge als Leistungsmaßstab zu wählen.

Gerade das letztgenannte Beispiel zeigt jedoch, daß eine solche Art der Leistungsmessung nicht immer zweckmäßig sein muß. Wählt man beispielsweise nur die Zahl der bearbeiteten Anträge als Leistungsmaßstab, dann schafft man hierdurch einen Anreiz des betreffenden Beamten, möglichst viele Anträge in möglichst kurzer Zeit zu bearbeiten und dadurch vielleicht oberflächlich zu arbeiten, den einzelnen Antragstellern nicht ausreichend gerecht zu werden und Sonderfälle möglichst weitgehend auszuklammern. Die Leistungsmessung nach Stückzahl könnte hier also leicht ein falsches Bild ergeben. Legt man auf die Qualität der Antragsbearbeitung mehr Wert, wäre es vielleicht zweckmäßiger, eine andere Bezugsgröße zu wählen. In unserem Beispiel könnte es sich vielleicht um die „Zahl der richtig bearbeiteten Anträge" handeln, wobei oberflächlich bearbeitete Anträge, nicht erkannte Sonderfälle u.ä., nicht gerechnet werden. Eine andere Möglichkeit bestünde darin, als Bezugsgröße die Zahl der geleisteten Beratungs- oder Bearbeitungsstunden zu wählen. Wählt man die Beratungs- oder Bearbeitungsstunde als Bezugsgröße, dann besteht kein Anreiz mehr, pro Stunde möglichst viele Anträge durchzuarbeiten; der Anreiz hat sich dann dahingehend verschoben, möglichst viele Beratungsstunden zu leisten. Wählen wir einmal ein anderes Beispiel, und zwar aus dem Herstellungsbereich. In einer Maschinenfabrik, in der zwei ähnliche Drehbänke arbeiten, könnten diese beiden Drehbänke zu einer Kostenstelle zusammengefaßt werden. Als Bezugsgröße bietet sich hier die geleistete Maschinenstunde oder Bearbeitungsstunde an, da unterschiedliche Werkstücke sehr unterschiedlich lange bearbeitet werden müssen und deshalb die bearbeitete Stückzahl keine geeignete Bezugsgröße wäre.

Im Fuhrpark einer Molkerei wählt man möglicherweise als Bezugsgröße zur Leistungsmessung die gefahrenen Tonnenkilometer, also das Produkt aus gefahrenen Tonnen und gefahrenen Kilometer-Zahlen aus.

Um die richtige Bezugsgrößenauswahl zu treffen, muß man verschiedene Kriterien beachten.

4.2.3 Anforderungen an Bezugsgrößen

Für eine gut durchgeführte Betriebsabrechnung ist es naturgemäß sehr wichtig, daß die Leistung der einzelnen Kostenstellen richtig und zweckmäßig gemessen wird. Damit dies geschehen kann, müssen die gewählten Bezugsgrößen bestimmte Anforderungen erfüllen, d.h. man muß bestimmte Kriterien bei ihrer Auswahl beachten.

Die gewählte Bezugsgröße soll einen möglichst *exakten Maßstab* der tatsächlichen Kostenstellenleistung bilden. Die Zahl der bearbeiteten Anträge in einer Behörde kann z.B. dann ein wenig exakter Maßstab sein, wenn einige Anträge leicht zu bearbeiten sind und einige andere schwer. Die Zahl der bearbeiteten Stück in einer Dreherei wird dann keine geeignete Bezugsgröße sein, wenn einige Stück schnell bearbeitet werden können, andere langsam bearbeitet werden müssen. Die Zahl der produzierten Liter Warmwasser werden für einen Heizkessel dann keine geeignete Bezugsgröße sein, wenn das Wasser an einigen Tagen 60 Grad und an anderen Tagen 80 Grad Temperatur hat. Richtig wäre es in diesem Falle, die an das Wasser abgegebene Wärmemenge zu messen, die sich auf Wassermenge und Wassertemperatur verrechnen läßt.

Der wichtigste Grundsatz bei der Bezugsgrößenwahl lautet also:
Die Bezugsgröße muß *leistungsproportional gewählt werden*.

An dieser Stelle erscheint es zweckmäßig, darauf hinzuweisen, daß wir unter Leistung das gewünschte Arbeitsergebnis verstehen wollen. Immer häufiger erleben wir nämlich im täglichen Sprachgebrauch, in den Betrieben, in der Politik und in anderen Lebensbereichen, daß das Wort ‚Leistung' in einer etwas irreführenden Bedeutung verwendet wird. Beispielsweise sprechen Parteien von den „Leistungen" der Sozialpolitik und meinen damit die getätigten Ausgaben, und manche Kostenstellenleiter und ihre Vorgesetzten verwechseln den Grad, zu dem ein Mitarbeiter sich anstrengt, mit seinem Arbeitsergebnis, wenn sie den Grad der Anstrengung zum Leistungsmaßstab machen. Auch erfahren wir häufig, daß die „Leistungen" von Krankenkassen oder Krankenhäusern um soundsoviel gestiegen seien, obwohl in Wirklichkeit nur die Ausgaben für Arzneimittel und Krankenpflege gestiegen sind, also der Aufwand. Als Leistungserhöhung könnte man in diesem Falle nur ein Sinken des Krankenstandes oder eine schnellere Genesung der Patienten usw. bezeichnen. Diese Verwechslung zwischen Leistung und Aufwand läßt sich leider auch in der Kostenrechnung finden. Gerade bei der Bezugsgrößenwahl sollte man doch so weit wie möglich darauf achten, diesem Trugschluß nicht zu unterliegen – er kann nämlich später verhängnisvolle Folgen für die Wirksamkeit, Zweckmäßigkeit und (wirkliche) Leistung der Kostenrechnung haben. Man sollte es also möglichst vermeiden, Größen wie beispielsweise Maschinenlaufstunden, Anwesenheitszeit von Mitarbeitern, Quadratmeterzahl des zur Verfügung gestellten Laderaums u.ä. als Bezugsgröße zu wählen. Wenn sich schon keine direkten leistungsbezogenen Größen finden lassen, dann wäre als Alternative beispielsweise folgendes vorzuziehen:

Bearbeitungsstunde statt Maschinenlaufstunde
(die Zeit, in der die Maschine leer läuft, soll nicht als „Leistung" gewertet werden),

Bearbeitungszeit statt Anwesenheitszeit
(offizielle und inoffizielle Pausen gehören nicht zur Leistung),

genutzte Lagerfläche statt zur Verfügung gestellte Lagerfläche
(es erscheint zumindest fragwürdig, ob überflüssiger, jedoch zur Verfügung stehender Lagerraum als Leistung gewertet werden soll).

Als zweiten Grundsatz bei der Auswahl der Bezugsgröße können wir daher die Forderung formulieren, Bezugsgrößen möglichst weitgehend *leistungsbezogen* und möglichst weniger *aufwandsbezogen* zu definieren.

Nachdem wir Bezugsgrößen mit dem Ziel verwenden, in der Kostenrechnung mit größerer Genauigkeit arbeiten zu können, ergibt sich neben der Leistungsproportionalität jedoch noch in einem anderen Sinne eine durchaus berechtigte Forderung nach Kostenproportionalität der Bezugsgrößen. Bereits durch richtige Abgrenzung der Kostenstellen als einheitliche Betriebsteile erreichen wir nämlich die Möglichkeit, mit relativ großer Genauigkeit voraussagen zu können, wie sich die Kosten in den betreffenden Betriebsteilen bei steigender Leistung verhalten. Ist eine Kostenstelle richtig gegenüber ihren Nachbarkostenstellen abgegrenzt und enthält sie möglichst einheitliche Maschinen, die möglichst einheitliche Bearbeitungsvorgänge verrichten, dann wird eine leistungsproportionale Bezugsgröße immer auch kostenproportional sein. Es läßt sich dann mit vertretbarer Genauigkeit behaupten, daß bei Erstellung einer Leistung in der Größe von x Bezugsgrößeneinheiten insgesamt Kosten von x mal s verursacht werden. s wäre dann der *„Kostensatz"*, also derjenige Kostenbetrag, der bei der Erstellung einer Bezugsgrößeneinheit anfällt. Beispielsweise kostet eine Bearbeitungsstunde in der Dreherei DM 300,–, so daß bei 3 Bearbeitungsstunden DM 900,– an Kosten anfallen. Eine erzeugte Kilokalorie im Heizkessel mag DM 0,02 kosten, so daß 200 erzeugte kcal Kosten von DM 4,– verursachen, etc.

Weitere Anforderungen an Bezugsgrößen sind ihre leichte Meßbarkeit – das vereinfacht die Kostenrechnung – und ihre Verständlichkeit – das erleichtert es dem Kostenrechner, die Grundlagen seiner Arbeit mit den Kostenstellenleitern und seinen Untergebenen zu besprechen, zu diskutieren und diese zum Kostendenken zu motivieren.

4.2.4 Mehrere Bezugsgrößen

Die Praxis hat gezeigt, daß immer wieder Kostenstellen so abgegrenzt werden, daß ihre Leistung mit einer Bezugsgröße nur ungenau erfaßt werden kann. Dies gilt beispielsweise für die Kostenstelle „Fuhrpark" einer Brauerei, für die man zunächst normalerweise als Bezugsgröße die „gefahrenen Tonnenkilometer" wählen würde. Bei näherer Untersuchung zeigt sich aber, daß im Fuhrpark zwei Arten von Leistungen erbracht werden:

1. die Transportleistung
2. die Ladeleistung.

Um dies zu verdeutlichen, soll die Arbeit zweier Lastwagenfahrer verglichen werden. Der eine fährt von der Brauerei aus 50 km zu einem Biergroßhändler, lädt dort 250 Kasten ab und fährt direkt in die Brauerei zurück; der andere muß am gleichen Tag sechs Gaststätten anfahren, bei denen er jedesmal eine Menge zwischen 10 und 40 Kasten ablädt. Beide haben in etwa die gleiche Leistung in Tonnenkilometern erbracht. Die Ladeleistung war jedoch bei beiden sehr unterschiedlich, weil der eine unter günstigen Bedingungen mit einem Stopp die gesamte Ladung „los wurde", während der andere unter ungünstigsten Ladebedingungen Kleinmengen abladen, mehrfach Parkplätze suchen, rangieren mußte u.ä.

Die beiden Leistungen sind also nicht genau vergleichbar, es sind verschiedene Arten von Leistungen. Genau das hätte aber eine Bezugsgröße bewirken sollen: die Leistungen vergleichbar machen. Aus diesem Grunde ist es für eine genauere Abrechnung im vorliegenden Beispiel unerläßlich, die erbrachte Leistung aufzugliedern. Ein Teil der Leistung kann durch die Bezugsgröße „gefahrene Tonnenkilometer" abgerechnet werden, ein Teil durch die Bezugsgröße „Ladeleistung" bzw. in „Zahl der Stopps".

Dieser Fall, der natürlich die gesamte Betriebsabrechnung insbesondere für die betroffenen Kostenstellen komplizierter macht, ist leider nicht sehr selten. Ähnlich ist es beispielsweise bei größeren Maschinenstraßen, so häufig mit zwei Bezugsgrößen gefahren werden muß. Die eine Bezugsgröße wäre dann beispielsweise die Laufzeit der Maschinenstraße, die andere Bezugsgröße die Maschinenvorbereitungszeit. Hierunter fallen Zeiten für Wartung und insbesondere für die Einrichtung der Maschine oder Maschinenstraße zur Umstellung auf eine andere Packungsgröße (bei Abfüllmaschinen), ein anderes Verarbeitungsmaterial (bei Nähmaschinen in der Textilverarbeitung etc.). Diese Bezugsgröße wird im allgemeinen als „Rüstzeit" bezeichnet.

Genaue Kostenerfassung und richtige Bezugsgrößenwahl erlauben dann eine verursachungsgerechte Leistungsverrechnung zwischen den Kostenstellen.

..... Und hier nochmals Beispiele für Bezugsgrößen:

Kostenstelle	Bezugsgröße I	Bezugsgröße II
Fuhrpark	Tonnenkilometer	Abladefaktor
Heizung	kcal / Joule	–
Abfüllanlage	Maschinenzeit	Rüstzeit
Fußballmannschaft	Zahl der Spiele	Auswärtskilometer

4.3 Verursachungsgerechte Leistungsverrechnung zwischen den Kostenstellen

Um die Leistungen der Kostenstellen untereinander verursachungsgerecht verrechnen zu können, muß zunächst der Leistungspreis (Kostensatz) ermittelt werden. Zugleich wird – je nach Möglichkeiten und angestrebter Genauigkeit – gemessen oder geschätzt, welche Leistungsmengen die einzelnen Kostenstellen voneinander abgenommen haben. Diese Leistungsmengen sind schließlich mit dem Kostensatz zu bewerten.

4.3.1 Was kostet die Leistung einer Kostenstelle?

Diese Frage ist relativ einfach zu beantworten, wenn für die Kostenstelle eine Bezugsgröße gefunden werden konnte, die den obengenannten Anforderungen genügt. Nehmen wir beispielsweise die Hilfskostenstelle „Stromerzeugung". Als geeignete Bezugsgröße zur

Leistungsmessung empfiehlt sich hier die Menge der abgegebenen Kilowattstunden. Die Kostenstelle leistet also eine bestimmte Menge Kilowattstunden pro Monat oder pro Jahr.

Vergleichen wir diese Leistungsmenge mit den während der gleichen Periode angefallenen Kosten der Kostenstelle, so ergibt sich ein Kostensatz der Bezugsgrößeneinheit. Hat beispielsweise die Kostenstelle 1 Mio Kwh erzeugt und dabei Kosten in Höhe von DM 60.000,– verursacht, so ergibt sich ein Kostensatz von DM 0,06 pro kwh. Dieser Kostensatz ist der „Preis", den die Leistung der Kostenstelle pro Bezugsgrößeneinheit hat.

Das Wort Preis steht deshalb in Anführungszeichen, weil es sich hier nicht um einen Preis im Sinne des Marktpreises handelt, sondern um einen internen Verrechnungssatz. Dieser Satz wird betriebsintern ermittelt bzw. festgelegt und ist nur insofern einem Marktpreis vergleichbar, als bei bestimmten selbst erfüllten Leistungen (z.B. Reparaturleistungen) der Kostenstellenleiter der in Anspruch nehmenden Kostenstelle (z.B. eine Fertigungskostenstelle) u.U. die Wahl hat, diese Leistungen (in unserem Beispiel eine Reparatur) aus dem eigenen Hause zum internen Kostensatz zu „beziehen" oder sie von einer externen Reparatur-Werkstatt zu deren Preis „einzukaufen". Dadurch entwickelt die interne Kostensetzung die vorteilhafte Eigenschaft, einen ständigen Ansporn zur Kostenminimierung zu geben, indem die internen Leistungen mit Leistungen zu Marktpreisen verglichen werden können.

Kostenstellen, in denen mit zwei oder gar mehreren Bezugsgrößen gearbeitet wird, haben ebenfalls einen internen Kostensatz für jede Bezugsgrößeneinheit. Hier muß aber zunächst aufgrund von Einschätzung oder Erfahrung entschieden werden, wie die Gesamtkosten der Kostenstelle auf die zwei oder mehr Leistungsarten aufgegliedert werden sollen, wie sie erfaßt werden. Fallen beispielsweise in der Kostenstelle „Abfüllstraße" DM 500.000,– an, so wäre zunächst zu fragen, welcher Anteil dieser Kosten auf die Bezugsgröße „Abfüllstunden" und welcher Anteil auf die Bezugsgröße „Rüststunden" zu verteilen sei. Selbstverständlich soll hier so weit irgend möglich verursachungsgerecht verfahren werden, auch wenn man in der Praxis häufig zu Schätzungen greifen muß. Es empfiehlt sich daher, von Zeit zu Zeit eine genaue Analyse der Kosten durchzuführen, um diese Schätzungen eventuell zu berichtigen. In unserem Beispiel könnte es nun sein, daß der Kostenstellenleiter sich in Zusammenarbeit mit dem Kostenrechnungsleiter so entscheidet, daß von den Gesamtkosten 1/5 auf die Bezugsgröße bzw. Leistungsart „Rüstzeit" und 4/5 auf die „Abfüllzeit" entfallen sollen. Sind nun 500 Rüststunden angefallen, so ergibt dies einen Kostensatz von DM 100.000,– : 500 = DM 200,– pro Rüststunde, während wir bei 1.600 Fertigungsstunden einen Kostensatz von 400.000,– : 1.600 = DM 250, pro Fertigungsstunde erreichen. Damit wären die Preise bzw. Kostensätze der beiden Leistungsarten in der Kostenstelle „Abfüllstraße" bestimmt.

Unabhängig davon, ob wir Kostenstellen mit einer oder mit mehreren Bezugsgrößen haben, ist zur internen Leistungsverrechnung im nächsten Schritt die Antwort auf folgende Frage notwendig: Wieviele Leistungseinheiten hat diese Kostenstelle abgegeben, und an wen?

4.3.2 Messung des Leistungsaustauschs zwischen Kostenstellen

Für die Betriebsabrechnung interessiert uns besonders der Leistungsaustausch zwischen den Kostenstellen. Hier kommt in erster Linie der Austausch zwischen den verschiedenen Hilfskostenstellen in Frage (z.B. Lieferung von erzeugtem Strom an die Hilfskostenstelle Reparaturwerkstatt sowie die Lieferung von Leistungen der Hilfskostenstellen an die Hauptkostenstelle (z.B. Reparaturen an der Abfüllstraße). Die Leistungsabgabe der Hauptkostenstellen an die Kostenträger interessiert uns dagegen in der Betriebsabrechnung noch nicht — das ist Sache der Kostenträgerrechnung.

Die genaueste und sicherste Methode der Bestimmung der Leistungsabgabe einer Kostenstelle ist naturgemäß eine exakte Messung. Bei der Hilfskostenstelle „Stromerzeugung" wäre es beispielsweise möglich, Stromverbrauchszähler in den einzelnen Kostenstellen zu installieren; bei der Hilfskostenstelle „Betriebsheizung" könnte man Kalorimeter verwenden. Schon bei den Reparaturen wird es allerdings schwieriger, weil hier meist als Bezugsgröße die „Monteurstunde" verwendet wird, und weil in der Praxis selbst bei Verwendung von Stechuhren und ähnlichen Hilfsmitteln diese Bezugsgröße nie ganz genau meßbar sein wird. Das liegt beispielsweise daran, daß der Zeitverbrauch und damit das Meßergebnis von dem Kontrollierten selbst (also dem Monteur) sehr stark beeinflußt werden können, aber auch daran, daß bei manchen Reparaturaufträgen, bei denen man nebenbei noch schnell etwas anderes miterledigt, die Zurechnung zu bestimmten „Abnehmerkostenstellen" schwierig sein kann. Betrachten wir dann beispielsweise den Fall der Hilfskostenstelle „Betriebsschutz", dann zeigt sich, daß es manchmal einfach unmöglich ist, exakt zu rechnen, welche Leistungseinheiten von welcher Hauptkostenstelle verbraucht wurden. Benötigen alle Kostenstellen gleichviel „Betriebsschutz"? Oder gibt es welche, die stärker bewacht werden müssen als andere? Sicherlich letztlich rechnerisch nicht zu klärende Fragen.

Zu diesem Meßproblem gesellt sich jedoch noch ein anderes, das in der Praxis fast noch schwerwiegender ist. In vielen Fällen ist nämlich das Messen selbst aufwendiger als jede durch genaue Kontrolle mögliche Ersparnis, und es bestünde bei übergroßer Genauigkeit die Gefahr, daß die Kosten der Kostenrechnung selbst über das von der Geschäftsleitung tolerierte Maß hinausginge. In solchen Bagatellfällen oder in Fällen, in denen eine genaue Messung zu kompliziert wäre, muß man auf die Schätzung des Leistungsaustauschs durch Schlüsselgrößen ausweichen.

4.3.3 Schätzung des Leistungsaustauschs durch Schlüsselgrößen

Als „Schlüssel" bezeichnen wir eine Meßgröße, die uns bei der Kostenverteilung behilflich ist. Der „Schlüssel" ist immer nur Ersatz für eine exakte Messung und soll im Ergebnis dem vermuteten Meßergebnis möglichst nahekommen.

Auch dies läßt sich am besten an einem Beispiel erklären. Nehmen wir an, daß in einem Betrieb die abgegebene Leistung der Kostenstelle „Betriebsheizung" in Kalorien gemessen wird, daß aber die von den einzelnen empfangenden Kostenstellen beanspruchte Leistung nicht gemessen wird. Dies kann beispielsweise daran liegen, daß die dafür notwendige Verwendung von Kalorimetern zu aufwendig wäre, oder weil der Einbau solcher Meßgeräte mit technischen Schwierigkeiten verbunden wäre. Es ergibt sich nun die Notwendigkeit, den Wärmeverbrauch der einzelnen Kostenstellen in irgend einer Form zu schätzen.

Wir suchen also nun eine Größe, von der der Wärmeverbrauch einer Kostenstelle abhängt. Können wir den Wärmeverbrauch über eine solche Hilfsgröße bestimmen, dann erübrigt sich eine genaue Messung zumindest teilweise. Es wäre nun möglich, hier komplizierte Berechnungen anzustellen, wobei sicherlich die gewünschte Raumtemperatur, die Außentemperatur, die Isolationskraft der Raumwände u.ä. eine große Rolle spielt. Überraschenderweise wird man aber feststellen, daß derartige Berechnungen schon einmal vom Architekten angestellt worden sind: nämlich bei der Isolation der Heizungsanlage. Der Architekt mußte ja seinerzeit den ungefähren Wärmebedarf ermitteln, um einerseits die zentrale Heizungsanlage richtig zu dimensionieren, und um andererseits festzustellen, wieviele Heizkörper oder Heizaggregate in jedem Raum installiert werden müssen. In einem Haus mit Zentralheizung wird sich daher sehr häufig zeigen, daß der Wärmeverbrauch in den einzelnen Räumen im großen und ganzen proportional zur Zahl und Länge der darin installierten Heizkörper ist (wenn der Architekt sich nicht verrechnet hat!). Auch der Kostenrechner wird sich zweckmäßigerweise diese Rechnung zunutze machen und gedanklich davon ausgehen, daß der Wärmeverbrauch in den einzelnen Kostenstellen zur Zahl der installierten Heizkörpermeter proportional ist.

Die Rechnung sieht dann etwa folgendermaßen aus:

Gesamtleistung der Kostenstelle Betriebsheizung:

	1 Million Kilokalorien
Insgesamt installierte Heizkörpermeter	112
Kalorienverbrauch pro Heizkörpermeter:	8.928,59

Es ist dann nur noch festzustellen, wieviel Heizkörpermeter sich in jeder Kostenstelle befinden, und die ermittelte Anzahl wird mit dem geschätzten Kalorienverbrauch pro Heizkörpermeter multipliziert. Unser „Schlüssel" zum Kalorienverbrauch wäre also in diesem Falle die installierte Heizkörpermenge.

Andere Schlüsselgrößen könnten z.B. sein:

die installierten Kilowatt für den Stromverbrauch in Kilowattstunden,
die gefahrenen Kilometer eines Wagens für den Benzinverbrauch,
die Quadratmeter Bürofläche für den Einrichtungsaufwand,
die Quadratmeter Lagerfläche für die Lagerkosten,
die Kubikmeter umbauten Raumes für die Kosten einer air-conditional-Anlage,
die Zahl der Mitarbeiter in einer Kostenstelle für ihren Anteil an den Kosten der Betriebskantine.

Während die traditionelle Kostenrechnung den Schlüsselgrößen sehr große Bedeutung zumaß und ständig an der Verfeinerung und Intensivierung von komplizierten (schlüsselgrößengestützten) Berechnungen arbeitete, bemüht man sich heute verstärkt darum, den tatsächlichen Verbrauch der verschiedenen Kostengüter zu messen und nur dort Schlüsselgrößen einzusetzen, wo dies wirklich zweckmäßig ist. Auf diese Weise gewinnt die Kostenrechnung an Genauigkeit und Übersichtlichkeit.

Nachdem nun geklärt ist, welche Leistungsmengen von welchen Kostenstellen aufgenommen worden sind, und zu welchen Kostensätzen sie bewertet werden müssen, bleibt noch die Vorgehensweise bei der Kostenumlage selbst zu klären.

4.4 Ermittlung von Leistungspreisen und Gemeinkosten-Verrechnungssätzen in der Betriebsabrechnung

In diesem Abschnitt wollen wir uns zunächst mit zwei Abrechnungsverfahren der Betriebsabrechnung, nämlich mit dem Treppenumlageverfahren und dem Blockverfahren beschäftigen. Am Ende sei noch ein Hinweis auf die Verwendung prozentualer Zuschlagsätze als pauschaler Ermittlungsform gestattet.

4.4.1 Das Treppenumlageverfahren

Wie können wir nun die Gesamtkosten derjenigen Kostenstellen ermitteln, die Leistungen von anderen Kostenstellen empfangen? Ordnet man im Betriebsabrechnungsbogen in den verschiedenen Spalten zunächst die verschiedenen Istkostenstellen, sodann die Hauptkostenstellen an, dann werden beim Treppenumlageverfahren die Kosten der Istkostenstellen den Hauptkostenstellen nach dem in Abbildung 19 dargestellten Prinzip zugeschlagen. Demnach wird ganz links zunächst diejenige Istkostenstelle placiert, die (kaum) bzw. keine Leistung von anderen Istkostenstellen empfängt, deren Gesamtkosten also bereits feststehen. Nach den Verbrauchsmengen der anderen Hilfskosten- und Hauptkostenstellen werden diese Gesamtkosten aufgeteilt. Sodann können die Gesamtkosten der zweiten Hilfskostenstelle ermittelt und ebenso auf die anderen Kostenstellen umgeschlagen werden.

Seinen Namen hat dieses Verfahren also von dem eigentümlichen Bild, das der Betriebsabrechnungsbogen zeigt. Kostenrechnerisch ist zu beachten, daß die Kosten der am weitesten links placierten Hilfskostenstelle auf alle anderen Kostenstellen verrechnet werden können, also auch auf die anderen Hilfskostenstellen. Die Kosten der zweiten, etwas weiter rechts stehenden Hilfskostenstelle können dagegen nur noch auf alle außer der ersten umgelegt werden.

Diese Ausnahme, die oft sachlich schwer zu begründen ist, wird also durch die Verwen-

Kostenarten	Gesamtbetrag	Allgemeine Kostenstellen					Fertigungshauptstellen			
		Grundstücke und Gebäude	Wasser-Versorgung	Kesselanlage	Soziale Einrichtungen	A	B	C	D
Primäre Kostenarten .... (Endsumme)	1800					400	320	280	540
Stellenumlage I:									
Grundst. u. Gebäude ..		10	12	8		20	22	15	23
Wasserversorgung			35	10		42	33	16	52
Kesselanlage					9	23	17	18	20
Soziale Einrichtungen..						7	6	5	12
Zwischensumme	1800					402	398	334	647
Stellenumlage II:									
Techn. Betriebsleitung .						30	27	23	43
Arbeits- u. Lohnbüro ..						12	10	10	14
Betriebshandwerker...						23	19	14	25
Betrieb Allgemein						41	38	32	68
Gesamtkosten	1800					598	492	413	797

Abb. 19: Vgl. *Böckel/Hoepfner* [1971, S. 47]

dung dieses speziellen Rechenverfahrens verursacht. Wollte man nämlich die Kosten der zweiten Hilfskostenstelle einmal auch der ersten Hilfskostenstelle belasten, dann müßte man dies nachträglich tun, nachdem die erste Hilfskostenstelle ihre Kosten bereits an alle anderen Kostenstellen abgegeben hat. Es verbliebe hier ein Kostenbetrag, der letztlich bei Kalkulationen berücksichtigt werden könnte.

Das Treppenumlageverfahren hat einerseits den Vorteil der anschaulichen Darstellung und leichten Durchführbarkeit, andererseits wieder den Nachteil einer gewissen Ungenauigkeit. Dieser Nachteil kann bei simultanen Verfahren ausgeglichen werden.

4.4.2 Simultane Durchrechnung eines Betriebsabrechnungsbogens

Stellt man den Betriebsabrechnungsbogen mathematisch durch ein Gleichungssystem dar, so kann er — insbesondere unter Zuhilfenahme der elektronischen Datenverarbeitung — simultan, d.h. in allen seinen Einzelteilen gleichzeitig durchgerechnet werden. Es ist dann möglich, die Vorgehensweise des Treppenverfahrens zwar beizubehalten, jedoch aufgrund der simultanen Rechenweise die Ungenauigkeiten der Verteilung zu vermeiden. Aufgrund des rechentechnischen und des Programmieraufwandes ist diese Vorgehensweise nur in größeren Betrieben möglich.

4.4.3 Blockverfahren

In manchen Fällen stellt sich jedoch das oben angeschnittene Problem überhaupt nicht. Dies trifft in erster Linie auf die Fertigungshilfsstellen zu, die untereinander kaum Leistungen austauschen, sondern ihre Leistungen in erster Linie an die Fertigungshauptstellen liefern. Die Kosten aller Fertigungshilfsstellen können dann gesammelt und ohne weitere Zwischenschritte auf die Hauptstellen umgelegt werden. Eine zeichnerische Darstellung des Blockverfahrens zeigt untenstehende Abbildung.

Kostenstellen → Kostenarten ↓	Fertigungshauptstellen				Fertigungshilfsstellen			
	A	B	C	D	Technische Betriebsleitung	Arbeits- und Lohnbüro	Betriebs- handwerker	Betrieb Allgemein
Primäre Kostenarten .... (Endsumme)	400	320	280	540	70	30	60	100
Stellenumlage I:								
Grundst. u. Gebäude ..	20	22	15	23	21	9	10	20
Wasserversorgung	42	33	16	52	18	–	–	24
Kesselanlage	23	17	18	20	12	4	6	18
Soziale Einrichtungen..	7	6	5	12	2	3	5	17
Zwischensumme	402	398	334	647	123	46	81	179
Stellenumlage II:								
Techn. Betriebsleitung .	30	27	23	43				
Arbeits- u. Lohnbüro ..	12	10	10	14				
Betriebshandwerker...	23	19	14	25				
Betrieb Allgemein	41	38	32	68				
Gesamtkosten	598	492	413	797				

4.4.4 Prozentuale Zuschlagssätze

In bestimmten Bereichen ist es außerordentlich schwer, eine geeignete Bezugsgröße für Leistungsmessungen zu finden. Dies gilt beispielsweise für den Verwaltungsbereich. Eine Umlage der Kosten der Verwaltungskostenstellen auf die Fertigungshauptkostenstellen ist daher nach den obengenannten Verfahren in der Praxis oft nicht möglich. In solchen Fällen wird häufig der Versuch gemacht, prozentuale Zuschlagssätze für die Umlage dieser Kostenbeträge zu finden.

Beispielsweise geht man dabei folgendermaßen vor: Betragen die Kosten der Fertigungshauptstelle DM 1,5 Mio, die der Verwaltung DM 500.000,–, so ergibt sich daraus ein Verwaltungskostenzuschlag auf die Kosten der Fertigungshauptstellen von 33 %. Dieser Zuschlagssatz wird dann erst in der Kalkulation (Kostenträgerrechnung) weiter verwendet.

Eine ähnliche Vorgehensweise ist dann möglich, wenn man den Aufwand einer verursachungsgerechten Zurechnung anderer Kostenbeträge aufgrund der Inanspruchnahme von Leistungen scheut. Es muß jedoch betont werden, daß jede nicht verursachungsgerechte Form der Kostenrechnung den Nachteil hat, kaum zusätzliche Informationen zu bringen und u.U. sogar durch ihre scheinbare Genauigkeit Verwirrungen zu stiften und die Gefahr von Fehlentscheidungen zu fördern. Dies soll besonders dann beachtet werden, wenn eine pauschale Grobauswertung der Betriebsabrechnung durch Kennzahlen geplant ist.

4.5 Kennzahlen (= Kennziffern) aus der Betriebsabrechnung

Aus der Betriebsabrechnung lassen sich eine Reihe von Kennziffern für die Managementpraxis gewinnen. Unter Kennziffern verstehen wir eine Verhältniszahl oder Relation, die in zusammenfassender, teilweise auch vergröbernder Weise Zusammenhänge der wirtschaftlichen Arbeitsweise eines Betriebs erläutert und veranschaulicht. Häufig verwendete Kennziffern in der allgemeinen Managementpraxis sind beispielsweise der Pro-Kopf-Umsatz, die Umsatzrendite oder das Verhältnis von Eigen- zu Fremdkapital in einem Unternehmen.

Aus der Betriebsabrechnung lassen sich ebenfalls einige Kennziffern gewinnen. Besonders interessieren dürfte beispielsweise das Verhältnis von Fertigungs- zu Verwaltungs- und/oder Vertriebskosten, die Pro-Kopf-Leistungen in verschiedenen Kostenstellen (Produktivität) sowie die Verbrauchsziffern beispielsweise für Energie oder Reparatur-Dienstleistungen in verschiedenen Kostenstellen im Verhältnis zu deren Leistung.

Da die Werte solcher Kennzahlen im allgemeinen von Branche zu Branche schwanken, können hier keine „richtigen" Werte angegeben oder auch nur Durchschnittswerte der Industrie genannt werden. Die Bedeutung solcher Kennzahlen erweist sich jedoch oft genau aus diesem Grunde, oft gerade jetzt, wenn man an einem Betriebsvergleich teilnimmt und dabei lernt, die relative Lage des eigenen Betriebs einzuschätzen. Es muß allerdings davor gewarnt werden, die eigenen Kennzahlen zu verabsolutieren, da Unterschiede im Kennzahlengefüge verschiedener Betriebe nur allzu oft auf einer unterschiedlichen Ausbildung und Differenzierung des Rechnungswesens, insbesondere der Betriebsabrechnung beruhen.

4.6 Zusammenfassung

Dieses Kapitel sollte die Abrechnungstechnik der Betriebsabrechnung schildern. Wir gingen von der Notwendigkeit und den Möglichkeiten der Kostenerfassung an den Entstehungsorten, also in den Kostenstellen, aus. Für jede Kostenstelle wird sodann ein kostenartenmäßig gegliederter Kostenstellen-Kostenplan oder eine Kostenaufstellung zusammengestellt, die die Grundlage des weiteren Vorgehens bildet. Sodann ist es aber notwendig, die Leistung der Kostenstellen zu bestimmen. Hierzu müssen zunächst Bezugsgrößen gewählt und die Bezugsgrößenmenge gemessen werden. Aus der insgesamt produzierten Bezugsgrößenmenge und den gesamten Kosten einer Kostenstelle ergibt sich der Kostensatz pro Bezugsgrößeneinheit, ein interner Leistungsverrechnungspreis. Gelingt es nun, den Leistungsaustausch zwischen den Kostenstellen zu messen oder zumindest zu schätzen, dann kann so ermittelt werden, welcher Teil der Kosten einer Kostenstelle einer anderen zugerechnet werden muß. Hierzu dienen das Treppenumlage- und das Blockverfahren, u.U. aber auch ein simultanes mathematisches Verfahren oder gar die einfache Verwendung prozentualer Zuschlagssätze.

Von der Genauigkeit und Verursachungsgerechtigkeit einer Betriebsabrechnung hängt es ab, ob und inwieweit sie ausgewertet werden kann. Zum Abschluß des Kapitels wurden Kennziffern als eine Auswertungsmöglichkeit vorgestellt.

5. Auswertung des Informationsgehalts der Abrechnungsergebnisse

Mit der Betriebsabrechnung haben wir ein betriebswirtschaftliches Werkzeug für Erfassung, Kontrolle, Disposition und Kalkulation geschaffen; nun gilt es, diese Möglichkeiten zu nutzen.

Einen ersten Schritt in die Richtung einer zielgerechten Auswertung der Ergebnisse der Betriebsabrechnung zeigte bereits der vorige Abschnitt (4.5) über die Möglichkeit, Kennziffern aus der Betriebsabrechnung zu gewinnen. Wir wollen nun nochmals im einzelnen behandeln, was in den vorangegangenen Kapiteln schon angeklungen ist: die Möglichkeit, die Betriebsabrechnung für folgende Aufgaben zu verwenden:

- Kostenstellenkontrolle
- Kalkulation
- Führungshilfe und Führungsinstrument.

5.1 Kostenstellenkontrolle und Disposition mit Hilfe der Betriebsabrechnung

Vertrauen ist gut, Kontrolle aber besser.

So sehr dieser Satz dem Manager aufgrund schlechter Erfahrungen in der Vergangenheit zunächst einleuchten mag, so gefährlich ist es doch, ihn zur geistigen Grundlage der Kontrolle im Betrieb und insbesondere der Kostenkontrolle der Kostenstellen durch die Betriebsabrechnung zu setzen. Kontrolle durch die Betriebsabrechnung und die Kostenrechnung kann nämlich das Vertrauen zum Mitarbeiter nicht ersetzen und kann es auch nicht wiederherstellen, wenn es gestört ist oder einfach fehlt. Kontrolle durch die Betriebsabrechnung kann deshalb niemals Ersatz für ein gutes Betriebsklima, die Auswahl kompetenter Mitarbeiter, die exakte Zuordnung von Verantwortungsbereichen, kostenbewußtes Denken und effektive Zusammenarbeit sein. Sie kann bei richtiger Anwendung alle diese Dinge unterstützen, sozusagen zu einer zusätzlichen Stange im Korsett der betrieblichen Organisation werden, die das Verhalten des einzelnen abstützt und lenkt; übertriebene, unsachgemäße, unkorrekte oder gar auf das Bloßstellen von Mitarbeitern gerichtete Kontrolle wird dagegen eher dazu führen, daß das Vertrauen schwindet, daß das System unterlaufen wird, daß – scheinbar – noch mehr Kontrolle notwendig wird.

Deshalb wollen wir Kontrolle hier als eine besondere Form der Informationsverarbeitung betrachten. Um einen Betrieb richtig zu lenken, um sachdienliche Entscheidungen zu treffen, um für Veränderungen in der Zukunft gerüstet zu sein, benötigen wir Informationen. Die Betriebsabrechnung liefert u.a. Kontrollinformationen über das Arbeitsergebnis der einzelnen Kostenstellen, die folgendermaßen eingeteilt werden können:

1. Informationen über die Leistung
    Art der Leistung (Bezugsgröße)
    Leistungsmenge (Bezugsgrößenmenge)
    Leistungsverlauf (Entwicklung der Bezugsgrößenmenge im Zeitablauf)

2. Informationen über die Kosten
   Gesamte Kosten der Kostenstelle
   In der Kostenstelle angefallene Kostenarten
   Höhe der einzelnen Kostenarten
   Kostensatz (Kosten pro Leistungseinheit)
   Verhältnis fixe/variable Kosten in der Kostenstelle (soweit eine Kostenspaltung durchgeführt wird)
   Abweichung Plankosten bzw. Sollkosten von Istkosten (soweit Kosten geplant werden)
   Vergleich der Kostensätze in verschiedenen Betrieben (soweit am Betriebsvergleich teilgenommen wird).

Unter Kostenkontrolle der Kostenstelle verstehen wir nun zunächst einmal, daß diese Informationen analysiert und ausgewertet werden.

Warum ist der Kostensatz bei uns pro Drehstunde höher als bei unserem Konkurrenzbetrieb?
Warum erreichen wir einen niedrigeren Personalkostenanteil in der Dreherei?
Ist es möglich, den Fixkosten-Anteil in dieser Kostenstelle zu senken?
Welche Maßnahmen könnten zu einer Vereinheitlichung der verschiedenen Leistungsarten in einer Kostenstelle und damit zu einer Rationalisierung der Leistungserstellung beitragen?
Wie sehen unsere Kennziffern und Betriebsabrechnungsergebnisse im Vergleich zum Vorjahr aus?

Diese und andere Fragen stehen möglicherweise am Anfang der Kostenstellenkontrolle. Sicherlich werden sich in jedem Betrieb unterschiedliche Kontrollmöglichkeiten ergeben, und die Richtung und Auswirkung der Kontrolle muß den jeweiligen Erfordernissen und Möglichkeiten angepaßt werden. Immerhin lassen sich einige wichtige Punkte nennen, die von Zeit zu Zeit kontrolliert werden sollten.

5.1.1 Kostenhöhe

Zunächst interessiert natürlich, wie sich die Kosten insgesamt entwickelt haben und zusammensetzen. Es ist nun unerläßlich, sich mit der tatsächlichen Kostenhöhe näher zu befassen. Dabei sollte man sich von Zeit zu Zeit einige grundsätzliche Fragen stellen; beispielsweise:

— Ist es sinnvoll, für die Leistung dieser Kostenstelle überhaupt solche hohen Kosten aufzuwenden?
— Können wir vielleicht für eine Veränderung der Leistung (z.B. Verwendung eines mehr standardisierten Produktes, geringere Haltbarkeit, Verzicht auf überflüssige Verschönerung) denselben Zweck erreichen?

— Ist es sinnvoll, die in dieser Kostenstelle produzierte Leistung von außerhalb des Unternehmens zu beziehen? (Make- oder Buy-Entscheidung)

Aus Gründen der Wirtschaftspädagogik, der Gruppen-Zusammenarbeit und der positiven Bildung ist es darüber hinaus zweckmäßig, die Kostenhöhe der einzelnen Stellen nicht nur dem Kostenstellenleiter, sondern allen betroffenen Mitarbeitern mitzuteilen und zu verdeutlichen. „Verdeutlichen" heißt, daß man nicht einfach Zahlen nennt, sondern diese Zahlen in Beziehung setzt (beispielsweise zum Gehalt des einzelnen, zu den daraus sich ergebenden Stückkosten für das Produkt u.ä.). Nur veranschaulichte Zahlen können Gesprächsstoff und Gedankenstütze für die einzelnen bieten.

5.1.2 Anteil wichtiger Kostenarten

Durch Untersuchung des Anteils wichtiger Kostenarten ergeben sich immer wieder Anhaltspunkte für Möglichkeiten zur Einsparung, zur Erhöhung der betrieblichen Flexibilität oder zur Verbesserung der Leistungsfähigkeit. Besonders interessant ist die Untersuchung des Anteils folgender Kostenarten:

— Fixkostenanteil
— Personalkostenanteil
— Anteil der Personalnebenkosten
— Energiekostenanteil

5.1.3 Kostenvergleiche

Sowohl die absolute Höhe der Kosten als auch der Anteil wichtiger Kostenarten muß dann in Beziehung gesetzt werden. Dies bedeutet, daß mit den Kosten der vergangenen Jahre, mit den Kosten von ähnlich gelagerten und/oder Konkurrenzbetrieben, mit den Kosten anderer Abteilungen u.a. verglichen werden muß. Zeigt der Vergleich im Zeitablauf bestimmte Trends, beispielsweise einen ständig steigenden Anteil einer bestimmten Kostenart, dann ist es zweckmäßig zu überprüfen, inwieweit dieser Trend voraussichtlich auch in Zukunft anhalten wird, und eventuelle Investitions- und Organisationsvorhaben schon jetzt dem erwarteten Trend anzupassen. Trends beim Anteil der verschiedenen Kostenarten oder bei der Höhe der Gesamtkosten können genauso wie von Vergleichswerten anderer Betriebe abweichende Beträge darauf hinweisen, daß die Organisation in der Abteilung oder Kostenstelle nicht optimal strukturiert ist oder abläuft, daß ungeeignete Maschinen oder Anlagen verwendet werden, oder daß anderweitig — im Positiven oder im Negativen — besondere Verhältnisse herrschen. Gerade diese Vergleichszahlen geben daher eine Fülle von Anregungen zum Nachdenken für zukünftige Verbesserungen, zur Überprüfung des Ergebnisses von Maßnahmen in der Vergangenheit und zur Beurteilung der eigenen Lage.

Aus den Kostentrends ergeben sich somit immer wieder Anstöße zur Überprüfung von Entscheidungen, auch von Rationalisierungsentscheidungen, die in der Vergangenheit getroffen worden sind. Als Beispiele hierfür seien die Maschinenverteilung und die Verwendung bestimmter Rohstoffe und Betriebsmittel in den folgenden beiden Abschnitten genannt.

5.1.4 Maschinenverteilung

Unter Maschinenverteilung verstehen wir die Verteilung von Arbeiten auf verschiedene Maschinen für den Fall, daß die Arbeitsbereiche der Maschinen sich zumindest teilweise überschneiden, d.h. daß mehrere Maschinen theoretisch dieselbe Arbeit verrichten könnten. Immer wenn dies in einer Kostenstelle der Fall ist, dann muß entschieden werden, welche Maschine für welche Aufträge herangezogen werden soll.

Als Entscheidungsregel gilt hier, daß bei bestehenden Anlagen jeweils die Maschine mit den günstigeren Grenzkosten zu wählen ist, also die Maschine, deren Verwendung geringere zusätzliche Kosten verursacht. In der Praxis ist häufig der Fall anzutreffen, daß diese Entscheidung in der Vergangenheit einmal getroffen wurde, daß aus der einmal getroffenen Entscheidung eine bestimmte Verfahrensregel abgeleitet wurde (z.B.: alle Aufträge unter 500 kg auf Maschine A, alle über 500 kg auf Maschine B), und daß diese Entscheidungsregel ohne weitere Überprüfung auf Jahre hinaus verwendet wird. Durch die ständige Anpassung vieler Unternehmen an neuere technische Entwicklungen, durch Umorganisation und durch viele andere Faktoren ist aber durchaus der Fall denkbar, daß eine in der Vergangenheit richtige Regel für die Maschinenverteilung jetzt nicht mehr zutrifft. Änderungen im Kostengefüge einer Kostenstelle, also entweder in der gesamten Kostenhöhe oder im Anteil einzelner Kostenarten, sind immer wieder ein Hinweis darauf, daß solche Entscheidungen neu überprüft werden müssen. Sie können nämlich dazu führen, daß sich die relativen Grenzkosten der einzelnen Maschinen ebenfalls verändert haben, oder daß sich der Grenzkostenverlauf der einzelnen Maschinen über verschiedene Auftragsgrößen verändert hat. Auch Änderungen im Personalstand (besser oder weniger gut ausgebildete, besser oder weniger gut motivierte, länger oder kürzer arbeitende Mitarbeiter) können dazu führen, daß Entscheidungen im Bereich Maschinenverteilung überdacht werden müssen.

5.1.5 Rohstoffeinsatz

Ein anderes Beispiel für die Notwendigkeit, organisatorische oder gar investitionsmäßige Konsequenzen aus den Ergebnissen der Betriebsabrechnung zu ziehen, liegt im Bereich der Verwendung bestimmter Rohstoffe, Hilfsstoffe oder Betriebsmittel.

Auch hier wird normalerweise nach dem Prinzip der Minimierung der durch die Verwendung des bestimmten Stoffs entstehenden zusätzlichen Kosten bzw. der Maximierung der möglichen Einsparungen verfahren. Beispielsweise wird Schmieröl „Ultra" durch Schmieröl „Super" ersetzt, wenn „Super" billiger ist und die gleiche Leistung bringt. Oder es wird die Arbeitszeit eines Mitarbeiters, die den Betrieb pro Stunde DM 20,– kostet, durch eine Maschine ersetzt, die aufgrund ihres Betriebsmittelverbrauchs und der Abschreibungen die gleiche Leistung für DM 15,– erbringt. In der Volkswirtschaftslehre spricht man von Entscheidungen über den Faktoreinsatz und nimmt an, daß die Betriebe bemüht sind, die „Faktorkosten" möglichst gering zu halten.

Auch hier gilt, daß in der Betriebspraxis solche Entscheidungen nur von Zeit zu Zeit gefällt werden. Zu dem Zeitpunkt, zu dem die Ergebnisse des Betriebsabrechnungsbogens vorliegen, beruhen die derzeitige Betriebsorganisation und das Zusammenspiel der vorhandenen Maschinen und Anlagen auf solchen Entscheidungen, die in der Vergangenheit getroffen wurden. Änderungen im Bereich der Preise für die einzelnen Einsatzgüter (z.B. Lohnerhöhungen, steuerliche Vorschriften mit der Konsequenz höherer Personalnebenkosten, sinkende Preise für Datenverarbeitungsanlagen, steigende Schmierölpreise) können dazu führen, daß in der Vergangenheit getroffene Entscheidungen für die Gegenwart oder die Zukunft nicht mehr richtig sind. Deshalb müssen solche Entscheidungen ebenfalls von Zeit zu Zeit anhand des Zahlenmaterials überprüft werden.

Allerdings kann sich auch ergeben, daß beispielsweise eine in der Vergangenheit getroffene Entscheidung zugunsten der Verwendung einer bestimmten Maschine, eines bestimmten Materials an und für sich richtig war, jedoch auf falschen Informationen oder Voraussagen beruhte. Beispielsweise ging man in einer Investitionsentscheidung davon aus, daß eine Abfüllmaschine 24.000 Flaschen pro Stunde bearbeiten könne, und stellt nun anhand der Betriebsabrechnungsunterlagen nach einem Jahr fest, daß die tatsächliche Leistung nur bei 14.000 Flaschen pro Stunde liegt. Daraus sind zwei Konsequenzen zu ziehen:

1. Ermittlung der Ursachen der Minderleistung, Versuch diese Ursachen zu beseitigen und die ursprünglich erwartete Leistung doch zu erreichen;
2. Überprüfung der ursprünglichen Investitionsentscheidung, neues Durchrechnen dieser Entscheidung anhand der nun vorliegenden Zahlen.

Dieses Überprüfen von Investitionsentscheidungen in der Vergangenheit kann also durchaus zeigen, daß Fehlentscheidungen getroffen worden sind, weil man sich beispielsweise auf zu günstige Leistungsangaben des Maschinenlieferanten, zu waghalsige Voraussagen über die Entwicklung des Ölpreises in der Zukunft oder zu großen Pessimismus bezüglich der Arbeitsmoral der Mitarbeiter gestützt hatte. Es ist durchaus denkbar, daß aufgrund von Zahlen der Betriebsabrechnung solche Entscheidungen revidiert werden.

5.2 Überprüfung der Kalkulationspolitik

Der vorhergehende Abschnitt befaßte sich mit den innerbetrieblichen Konsequenzen aus der Betriebsabrechnung. Darüber hinaus gilt es aber auch, die nach außen gerichteten Konsequenzen zu beachten und dabei insbesondere die bisherige Preis- und Kalkulationspolitik mit den tatsächlichen Ergebnissen zu vergleichen.

Die Vorgehensweise wird dabei von den Marktverhältnissen abhängen, in denen sich das Unternehmen befindet.

5.2.1 Kalkulationspolitik bei Standardangeboten

Dieser Fall liegt im allgemeinen dann vor, wenn das Unternehmen eines oder mehrere Produkte herstellt, die sich im Zeitablauf kaum verändern, und die an alle Kunden in praktisch gleicher Form geliefert werden. Weder die eigene Firma noch die Konkurrenzunternehmen werden dann jeden Auftrag gesondert kalkulieren, statt dessen wird man von Zeit zu Zeit mehr oder minder genaue Kalkulationsunterlagen herstellen und versuchen, daraus Standardkonditionen für alle Kunden abzuleiten. Insgesamt ist der vom Markt her kommende Druck in Richtung auf eine genaue Kalkulation in diesem Fall jedoch relativ gering, da man im allgemeinen glaubt, seine Kosten zu kennen und „sowieso schon alles zu tun, was zur Kostensenkung notwendig ist". Hinzu tritt, daß von solchen Unternehmen relativ wenig neue Produkte eingeführt werden, und daß einmal eingeführte neue Produkte nur relativ langsam an Bedeutung gewinnen, so daß auch von daher keine große Notwendigkeit zu einer exakten Kalkulation gegeben zu sein scheint.

Hier hat die Betriebsabrechnung in erster Linie innerbetriebliche Kontrollaufgaben (vgl. 5.1). Es ist jedoch auch in solchen Unternehmen dringend erforderlich, in gewissen Zeitabständen die vorhandenen Kalkulationsgrundlagen anhand der Ergebnisse der Betriebsabrechnung zu überprüfen. Einmal erstellte Standardkalkulationen müssen so auf den neuesten Stand gebracht werden, da gerade in solchen Betrieben das Verkaufsmanagement immer dazu neigen wird, irrtümlich zu meinen, daß man „seine Kosten ja kennt".

Besondere Aufmerksamkeit sollte in solchen Betrieben weniger der absoluten Kostenhöhe geschenkt werden, da der vermutlich harte Preiskampf am Absatzmarkt dem einzelnen sowieso nicht viel Spielraum läßt; wichtiger ist nämlich dann die Relation der einzelnen Kostenarten, die sich u.U. auf das Kostenverhältnis zwischen Haupt- und Nebenleistungen, zwischen verschiedenen Produkten und zwischen der Belieferung verschiedener Kunden auswirkt. In diesem Bereich wird auch die Verkaufsleitung eher einen Preis-Spielraum sehen, um den veränderten Kalkulationsgrundlagen in ihrer Marktpolitik Rechnung zu tragen.

5.2.2 Auftragskalkulation

Den genauen Gegensatz hierzu stellen solche Unternehmen dar, die — meist aufgrund einer an neuen Produkten technologischen Entwicklung und Forschung ausgerichteten Firmenpolitik — ein ständig abgewandeltes, kunden- und problemorientiertes Produktsortiment anbieten. Hier wird es immer wieder notwendig sein, die Kosten einzelner Aufträge zu kalkulieren, um Angebote zu erstellen (Vorkalkulation) und andererseits die Genauigkeit der Vorkalkulation durch eine kontrollierende Kalkulation im nachhinein (Nachkalkulation) zu überprüfen. In solchen Unternehmen wird im allgemeinen eine erfolgreiche Geschäfts- und Verkaufspolitik ohne eine genaue Betriebsabrechnung überhaupt nicht möglich sein. Das Hauptaugenmerk muß jedoch darauf gelenkt werden, die absolute Kostenhöhe der einzelnen Aufträge einerseits verursachungsgerecht zu ermitteln und andererseits zu verhindern, daß sich das „unproduktive" Kostenstellen-Überhandnehmen, deren Leistung entweder keinem Produkt direkt zugerechnet werden kann oder garnicht zu ermitteln ist (z.B. allgemeine Forschung und Entwicklung, Repräsentation, Gebäude). Eine Fehleinschätzung der allgemeinen Kostenhöhe würde zwangsläufig dazu führen, daß die Preise des Unternehmens falsch kalkuliert wären, und daß somit u.U. unzureichende Erlöse einfach deshalb erzielt werden, weil man sie nicht gefordert hat; ein Überhandnehmen der nicht direkt produktiven Kostenstellen brächte dagegen die Gefahr mit sich, daß die Flexibilität des Unternehmens sinkt, daß der bisherige schnelle Innovationsrhythmus vom „tertiären" Bereich im eigenen Unternehmen quasi erstickt oder zumindest verlangsamt wird, und daß man so die Grundlage des eigenen Erfolgs in der Vergangenheit für die Zukunft zerstört.

5.2.3 Auswertungsschwerpunkte bei sehr breitem Sortiment

Bei Unternehmen mit sehr breitem Sortiment (z.B. Handelsunternehmen, Konglomeraten) spielt die Ermittlung des Kostenanteils der einzelnen Artikel eine besondere Rolle. Häufig ist es aber notwendig, hier zunächst Schwerpunktartikel einerseits und Artikelgruppen andererseits zu bilden, um brauchbare Ergebnisse zu erzielen.

Aufgrund des normalerweise hohen Anteils der direkt zurechenbaren Einzelkosten (Wareneinsatz) an den Gesamtkosten neigen Handelsunternehmen häufig dazu, nur eine sehr grobe, ungenaue Betriebsabrechnung durchzuführen und auf eine Ermittlung der Leistung der einzelnen Kostenstellen so weitgehend zu verzichten, daß nicht mehr festgestellt werden kann, in welchem Umfange der einzelne Artikel dort Leistungen in Anspruch genommen hat. Die Kostenstellenkosten werden dann in pauschalen Zuschlagssätzen auf die Einzelkosten („Kalkulationssätzen") verrechnet. Diese Vorgehensweise kann aber im Sinne einer genauen Informationsgewinnung besonders dann unzweckmäßig sein, wenn ein harter Preiswettbewerb zwischen den verschiedenen Handelsunternehmen besteht und man deshalb gezwungen ist, knappe Spannen zu kalkulieren. U.U. bedeutet das nämlich, daß einzelne Artikel, obwohl sie die verschiedenen Kostenstellen relativ stark belasten und somit über dem Durchschnitt liegende Kosten verursachen, doch nur mit der durchschnittlichen Spanne kalkuliert werden, so daß nur ein relativ geringer oder gar negativer Deckungsbeitrag erwirtschaftet wird. Umgekehrt begibt man sich natürlich gleichzeitig der Möglichkeit, Artikel mit unterdurchschnittlichen Kosten herauszufinden, die noch knapper kalkuliert werden können, um dadurch die Konkurrenz auszustechen.

Angesichts der hohen Artikelzahl in den meisten Handelsunternehmen (z.B. 3–6.000 Artikel in einem kleineren Supermarkt, 30–50.000 Artikel in einem Selbstbedienungswarenhaus) kann allerdings kaum empfohlen werden, jeden Artikel einzeln zu kalkulieren. Vielmehr erscheint es zweckmäßig, hier Artikelgruppen aus solchen Produkten zu bilden, die die verschiedenen Kostenstellen etwa gleich stark beanspruchen. Die kontrollierende Betriebsabrechnung muß dann ebenfalls nach Artikelgruppen vorgehen, indem festgestellt wird, welche Leistungen die den einzelnen Gruppen angehörenden Artikel in den einzelnen Kostenstellen beanspruchen. Je nach Sortimentsbreite wird es möglich sein, mit 10 bis 100 Artikelgruppen auszukommen und für diese differenzierte Kalkulationssätze zu bilden.

Produktionsbetriebe mit einem sehr breiten Sortiment sind Betriebe mit vielen Zweigstellen, Teilbetrieben, Zweigwerken, Abteilungen, Niederlassungen und möglicherweise auch mit Aktivitäten im Ausland. In solchen Betrieben empfiehlt sich häufig eine „Dezentralisierung" des Betriebsabrechnungsbogens. Dies bedeutet, daß für die einzelnen Zweigwerke, für größere Abteilungen, für bestimmte Produktbereiche etc. einzelne Betriebsabrechnungsbogen erstellt und diese erst in einem späteren Schritt dann zusammengefaßt werden. Dies entspricht der organisatorischen Strategie der „Divisionalisierung", d.h. der Gliederung in überwiegend selbständige Unternehmensbereiche (deutsch: Sparten, englisch: divisions). „Ziel dieser Gliederungsform ist, das Gesamtunternehmen in Teilunternehmen mit jeweils eigener Erfolgsverantwortung aufzuteilen, um es leichter leiten zu können. Jede Division muß deshalb operativ völlig abgrenzbar sein, einen eindeutig identifizierbaren Beitrag zum Unternehmenserfolg leisten und von einem Mann vollverantwortlich geleitet werden" [*Bettermann*, S. 786]. Die einzelnen Sparten oder Teilbetriebe, Zweigwerke, Niederlassungen erhalten also eine eigene Gewinnverantwortung, die sich in einem entsprechend individualisierten Kostenrechnungssystem ausdrücken muß.

5.2.4 Unternehmen mit sehr tiefem Sortiment

Bei Unternehmen mit sehr tiefem Sortiment handelt es sich häufig um „Spezialisten", also Firmen, die eine Reihe von einander ergänzenden und unterstützenden Problemlösungen vor einem abgegrenzten Problembereich anbieten. Sie tendieren dazu, nur unter Fachleuten bekannt zu sein und eine große Zahl relativ weit verstreuter Kunden zu beliefern. Sie haben häufig weniger mit „direkten" Konkurrenten zu kämpfen, die das gleiche oder ein sehr ähnliches Produkt herstellen, sondern eher mit solchen Konkurrenten, die alternative Problemlösungen und Technologien anbieten. Der Preis, den die nachfragenden Kunden zu zahlen bereit sind, hängt daher auch weniger vom Konkurrenzpreis, als vielmehr vom speziellen Nutzen der angebotenen Technologie im Vergleich zu konkurrierenden Technologien ab und nicht so sehr von den Produktionskosten.

Für die Betriebsabrechnung stellt sich in solchen Fällen häufig als besonderes Problem die Frage einer Kontrolle solcher Kosten, die bei genauester Abrechnung als Sonder-Einzelkosten der Fertigung und des Vertriebs bezeichnet werden müßten, aber aus technischen und wirtschaftlichen Gründen nicht einzeln abgerechnet werden. Hier muß beispielsweise ständig überprüft werden, welche Kosten ins Ausland erbrachte Garantieleistungen, Sonderanfertigungen für bestimmte Kunden, die Entwicklung eines zusätzlichen Teils für eine bestimmte Anwendung entstanden sind.

In vielen Kostenstellen solcher Betriebe ist es möglich, die unterschiedliche Belastung der Kostenstellen durch die verschiedenen Produkte in einem über mehrere Perioden hinweg festen Zahlenverhältnis auszudrücken und somit kostenstellenweise eine der Äquivalenzziffernrechnung ähnliche Kalkulationsform durchzuführen, wenn man Ergebnisse mit Schätzgenauigkeit benötigt.

5.2.5 Die Anpassung der Betriebsabrechnung an die Marktverhältnisse

Die vorangehenden Abschnitte zeigten in einer Reihe von Beispielen, daß es immer wieder notwendig werden kann und möglich ist, die Betriebsabrechnung in ihrer Aufgabe als Kalkulationsgrundlage an die Marktverhältnisse anzupassen. Sie muß sich dabei den Anforderungen fügen, die von der jeweiligen Unternehmensleitung aufgrund der spezifischen Verhältnisse im Absatzmarkt, der Geschäftspolitik und der Art der Produkte gestellt werden.

5.3 Die Betriebsabrechnung als Führungshilfe und Führungsinstrument

Wie jedes Teilgebiet der Kostenrechnung kann auch die Betriebsabrechnung in die Organisations- und Führungskonzeption eines Unternehmens integriert werden.

5.3.1 Die Organisation der Betriebsabrechnung

Mit dem Stichwort „Organisation" ist hier eine generelle Regelung ständig wiederkehrender Vorfälle gemeint. „Organisiert" werden muß also:
– Wie oft wird eine Betriebsabrechnung durchgeführt?
– Wie wird dabei vorgegangen?

- Welche Bereiche werden genau durchleuchtet, in welchen verlassen wir uns notfalls auch auf Schätzungen?
- Wer bekommt die Ergebnisse?
- Wer bekommt Teilergebnisse, Zusammenfassungen?

Derlei organisatorische Fragen können nur im Zusammenhang mit der Gesamtorganisation, mit Führungsstil und Betriebsklima eines Unternehmens gelöst werden. Beispielsweise ist es sinnlos, im Bereich des Führungsstils die Delegation von Verantwortung oder gar die Mitbestimmung am Arbeitsplatz zu predigen, andererseits aber die hierfür notwendigen Kosteninformationen aus dem Bereich der Betriebsabrechnung zu verweigern. Genauso sinnlos wäre es, demjenigen, dem die Verantwortung für die richtige Ausbildung und die Karriere eines jüngeren Mitarbeiters mit Abteilungsleiterfunktion zufällt, die Kosteninformationen aus dieser Abteilung vorzuenthalten, oder die Arbeit einer kurzen und prägnanten Zusammenfassung von Kosteninformationen für die Geschäftsleitung zu sparen, wenn dort nicht genug Zeit für ein Studium aller Zahlen im Detail gegeben ist.

Die Häufigkeit der Durchführung einer Betriebsabrechnung wird letztlich zweckmäßigerweise nicht nur vom Kalender abhängen, sondern auch davon, wieviel Zeit den einzelnen Führungskräften und Mitarbeitern verbleibt, sich intensiv mit den Ergebnissen zu beschäftigen, und wie häufig überhaupt erwartet werden kann, daß sinnvolle Änderungen aufgrund von Betriebsabrechnungsergebnissen möglich sind oder Anregungen zu neuen Entscheidungen gegeben werden können. Beispielsweise hat sich im Bereich der Ballistik (Lehre von der Flugbahn von Geschossen, Raketen) gezeigt, daß „gelenkte" ungelenkten Geschossen in der Zielgenauigkeit überlegen sind. Des weiteren zeigte sich allerdings, daß ein zu häufiges Eingreifen des Lenkungsmechanismus dazu führte, daß das Geschoß „überreagierte", so daß letztlich aus einer zieladäquaten Flugbahn eine Zick-Zack-Bahn oder gar ein Zittern wurde. Auch im Bereich der Lenkung eines Betriebs wird es nicht sinnvoll sein, durch ständige Eingriffe ein gut gemeintes, aber letztlich sinnloses Hin und Her zu verursachen; nach jedem Eingriff muß vielmehr die Organisation Zeit zur Anpassung finden, um dessen eigentliche Ergebnisse zu zeigen. Vor dem Wirksamwerden eines Eingriffs wäre es demnach auch nicht sinnvoll, eventuelle Wirkungen zu messen. Daraus ergibt sich automatisch, daß – so lobenswert der Eifer des Kostenrechners auch sein mag – eine Betriebsabrechnung nicht zu häufig durchgeführt werden sollte.

5.3.2 Abwicklung der Betriebsabrechnung

In diesem Zusammenhang soll nur kurz erwähnt werden, daß die Betriebsabrechnung nicht in Form einer „polizeimäßigen" Kontrolle, sondern als gemeinsamer Prozeß der Informationssuche und Entscheidungsfindung behandelt werden sollte. Bei der Analyse der Ergebnisse sollte man also nicht zunächst darauf abstellen, einen „Schuldigen" zu finden, und nicht sofort versuchen, die scheinbar negativen Eigenschaften bestimmter Personen, beispielsweise ihre Faulheit oder ihre Inkompetenz, als Ursachen ihrer Fehlentwicklung zu „brandmarken". Richtig ist es, zunächst die im sachlichen Bereich liegenden Ursachen zu finden und zunächst zu prüfen, inwieweit hier Abhilfe geschaffen werden kann, ohne daß einzelne Mitarbeiter angegriffen, bloßgestellt oder isoliert werden müssen. Erst wenn es sich zeigt, daß beispielsweise Kostensteigerungen sachlich nicht zu erklären sind, darf nach in der Person der einzelnen Mitarbeiter liegenden Ursachen gesucht werden.

Gelingt es in der Praxis, diese Grundregel zu beherzigen, dann ist ein erster Schritt in Richtung auf eine positive Einstellung der Mitarbeiter zur Betriebsabrechnung und somit auch die Hoffnung einer zielgerechten Verwendung der Ergebnisse getan.

Der zweite Schritt besteht darin, durch möglichst weitgehende Partizipation der Betroffenen die im Unternehmen gesammelten Informationen voll auszuschöpfen, die einzelnen Mitarbeiter zum „Mitdenken" zu erziehen und somit auszubilden und schließlich alle im Hinblick auf das Wirtschaftlichkeitsziel zu motivieren.

Gerade die Kostenrechnung und hier wiederum in besonderem Maße die Betriebsabrechnung erweist sich dabei oft als ein Prüfstein für den Führungsstil eines Unternehmens und die Führungsqualifikation einzelner Vorgesetzter. In diesem Bereich, wo „klare" Zahlen eine deutliche Sprache sprechen, zeigt sich letztlich, wie ernst es dem einzelnen mit seinem im Management-Training geäußerten Bekenntnis zu einem neuen Führungsstil oder mit seinem in der politischen Arena geäußerten Wunsch nach mehr Mitbestimmung ist.

So würde die Betriebsabrechnung von einem Informationsinstrument zu einer Grundlage der Betriebsführung nicht nur im technischen, sondern auch im menschlichen Sinne. Sie ermöglicht es, Kommunikation und Information auf eine weitgehend objektive Basis zu stellen, und erlaubt gezielte Entscheidungen.

5.3.3 Betriebsabrechnung und Führungsstil

Betrachtet man die Betriebsabrechnung auch als ein Instrument der Koordination und Führung der Zusammenarbeit von Menschen, so sind die psychologischen Auswirkungen bestimmter Durchführungsmöglichkeiten der Betriebsabrechnung im Lichte der Führungsstiltheorie interessant.

Als Führungsstil bezeichnen wir die typischen Verhaltensweisen eines Managers gegenüber Mitarbeitern, die aus seiner Grundeinstellung zum Management und seiner bisherigen Erfahrung resultieren und sich in all seinen Handlungen ausdrücken, beispielsweise in den Bereichen der Planung, Zielsetzung und Entscheidung, in der Entscheidungsdurchsetzung und in der Leistungsbewertung der Mitarbeiter. Je nach theoretischem Standpunkt des Autors werden verschiedene Typen von Führungsstilen unterschieden. Ohne auf die Führungsstildiskussion an sich näher eingehen zu wollen, sei jedoch gesagt, daß unterschiedliche Verhaltensweisen eines Managers im Führungsbereich meist in einem oder mehreren der folgenden Bereiche untersucht werden:

- Grad, zu dem man Mitbestimmung und Mitbeteiligung der Untergebenen zuläßt (demokratische oder partizipative gegenüber autoritärer Führung)

- Art und Umfang des Eingehens auf die Bedürfnisse und Wünsche der Mitarbeiter
- Ausmaß, zu dem die Ziele des Unternehmens und die Notwendigkeit einer hohen Produktionsleistung betont werden.

Diese Kriterien werden von verschiedenen Wissenschaftlern in unterschiedlicher Kombination oder auch einzeln eingesetzt. Im Rahmen der Betriebsabrechnung gibt es verschiedene Möglichkeiten, diesen Kriterien gerecht zu werden.

Mitbestimmung am Arbeitsplatz, Mitbeteiligung, Selbstverwaltung u.a. können auch im Rahmen der Betriebsabrechnung stattfinden. Lohnende Bereiche für solche Aktivitäten sind beispielsweise schon beim Aufbau der Betriebsabrechnung die zweckmäßige Einteilung in Kostenstellen, die richtige Festlegung der Leistungsmaßstäbe für jede Kostenstelle und des Meßverfahrens für die verbrauchte Leistungsmenge sowie organisatorische Lösungen, die eine möglichst schnelle, zeitmäßig aktuelle Durchführung der Betriebsabrechnung ermöglichen. Auch der Bereich der Kostendurchsprache, das Suchen nach Verbesserungs- und Kostensenkungsmöglichkeiten und der Kostenvergleich (Betriebsvergleich) bieten weite Möglichkeiten, mehr oder weniger Mitbestimmung am Arbeitsplatz zu gewähren.

Die kostenmäßigen Ergebnisse der Betriebsabrechnung geben Auskunft über den Erfolg der Kostensenkungsbemühungen in der abgelaufenen Periode. Wenn diese Ergebnisse durchgesprochen werden, wird damit oft zugleich ein Urteil über den Erfolg der Arbeit einzelner Personen — beispielsweise eines Betriebsleiters, eines Kostenstellenleiters oder gar eines mit „Kostensenkung" beauftragten Komitees — untersucht. Es ergeben sich dabei oft führungsmäßig schwierige Situationen, denn gerade dieses Gebiet der Ergebnis- oder Leistungsbeurteilung ist führungstechnisch auch heute noch für viele Manager ein Problemgebiet.

5.3.3.1 Fünf Managertypen und ihr Führungsverhalten in der Kostendurchsprache

Manager und ihre Führungsstile kann man danach unterscheiden, wie sehr sie zu Unternehmenszielen und Sachaufgaben, zu den Mitarbeitern oder zu beidem zugleich orientiert sind. Dies wird jeweils unterschiedliche Folgen für ihr Verhalten in der Kostendurchsprache haben. Dies wird mit dem „Verhaltensgitter" dargestellt (vgl. Abb. 20).

Der *zurückgezogene* Manager glaubt, daß seine Mitarbeiter nicht gerne arbeiten, wenig Sachkenntnis haben, nur ungern Verantwortung übernehmen und sich in der Arbeitswelt sozusagen eingefangen fühlen. Vielleicht ist das ein Spiegelbild seiner eigenen Anschauungen und Meinungen. Er sieht einen großen Konflikt zwischen den Anforderungen der Produktion und des Unternehmens einerseits und den Bedürfnissen der Mitarbeiter andererseits; statt das eine oder das andere zu wählen, glaubt er, daß es für ihn am günstigsten wäre, sich aus diesem Konflikt herauszuhalten. So isoliert er sich von den Mitarbeitern und hält sich bei der Diskussion um wichtige Fragen des Unternehmens zurück. Diese Haltung zeigt sich häufig in einem gewissen Zynismus, vielleicht auch aufgrund von früheren Enttäuschungen. Dieser Manager engagiert sich also weder für die Bedürfnisse seiner Mitarbeiter noch für die Unternehmensziele.

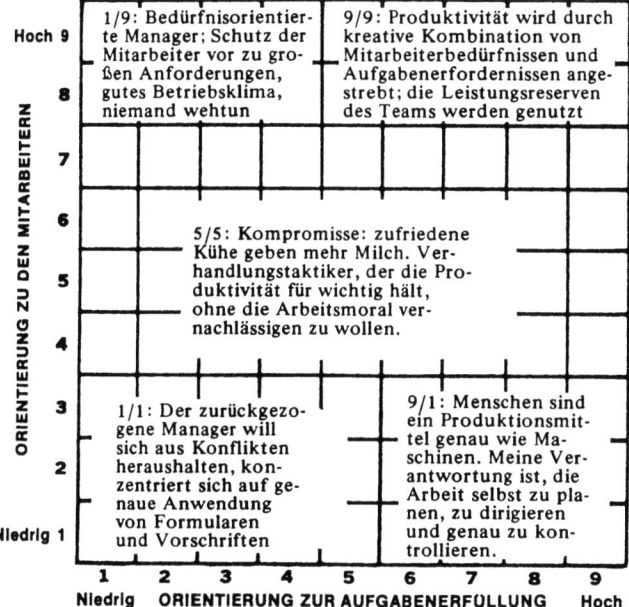

Abb. 20: Das Verhaltensgitter

Die Kostendurchsprache ist für ihn eine unangenehme Aufgabe. Am liebsten würde er damit gar nichts zu tun haben, aber wenn es die Vorschriften oder seine Vorgesetzten verlangen, dann muß er sich notgedrungen einmal damit befassen. Er wird eine Methode der Kostenanalyse vorziehen, die möglichst „objektiv" und unpersönlich ist. Mit Hilfe von Formularen, Checklisten, Aktennotizen versucht er, sich unangenehme persönliche Konfrontationen vom Leib zu halten, und wird keinen Mitarbeiter besonders loben oder besonders tadeln, wenn das nicht unbedingt notwendig ist. Er sieht seine Aufgabe in erster Linie darin, die Vorschriften durchzuführen und alles möglichst reibungslos ablaufen zu lassen; eventuelle Verbesserungsvorschläge werden allenfalls an seine eigenen Vorgesetzten weitergereicht, und er wird sich selten dafür engagieren, daß ein bestimmter Vorschlag auch durchgeführt wird. Seine Untergebenen werden ihn bald durchschaut haben und wissen, daß er am liebsten keine Aufregungen und keine Konfrontationen möchte und sich leicht beeinflussen läßt. Nach einiger Zeit der Zusammenarbeit kennen sie schon die Methoden, wie sie ihre eigenen Wünsche durchsetzen können, und wie sie notfalls die Kontrollfunktion der Betriebsabrechnung durch geschicktes Taktieren zunichte machen.

Wie wir sehen, führt diese Grundeinstellung zum Management nicht zum Ziel. Ein Manager, der sich so verhält, wird nur durch Zufall etwas aus seiner Betriebsabrechnung „herausholen".

Betrachten wir nun einmal einen Manager, der die Notwendigkeit einer **guten und rationellen Produktion** stark betont, ohne den Bedürfnissen der Mitarbeiter besondere Aufmerksamkeit zu schenken. Typischerweise ist er selbst sehr sachkundig und geschickt, oft arbeitet er mehr als die meisten seiner Mitarbeiter und kennt sich in seinem Unternehmen wirklich gut aus. Er besteht auf enger und ständiger Überwachung jedes Arbeitsschritts und trifft die meisten Entscheidungen selbst. Manchmal sieht es so aus, als täte er die ganze Arbeit der Abteilung allein!

Dieser Typ Manager ist gerade im Produktions- und Kostenrechnungsbereich häufig zu finden. Er weiß, daß die meisten seiner Mitarbeiter ihm an Geschicklichkeit, Sachkenntnis und Führungsfähigkeit weit unterlegen sind. Andererseits glaubt er aber auch, daß seine Leute letztlich weniger Lust zum Arbeiten haben als er selbst, und daß er seine ganze Autorität einsetzen muß, damit sie produktiv werden. Nach seiner Meinung wird die Arbeit nur dann richtig gemacht, wenn die Mitarbeiter angeleitet, dirigiert, kontrolliert und motiviert werden. Deshalb trifft er Entscheidungen für seine Mitarbeiter und wertet die Betriebsabrechnung für sie aus. Es geht ihm nicht darum, zu erfahren, was seine Mitarbeiter von den Ergebnissen der Betriebsabrechnung halten, oder was sie zu möglichen Verbesserungen beitragen können – er selbst weiß genug und von ihm hängt es ab, sein Wissen optimal für den Betrieb einzusetzen und den anderen die Marschroute vorzugeben.

Beim Auswerten der Betriebsabrechnung konzentriert er sich zunächst einmal auf Fehlschläge und Irrtümer seiner Mitarbeiter, die er ihnen in Einzelgesprächen auseinandersetzt. Er versucht, die Schuldigen für zu geringe Produktivität oder zu hohe Kosten zu finden, ihnen ihre Fehler klarzulegen und sie notfalls auch zu bestrafen. Er hofft, daß auf diese Weise Fehler in Zukunft vermieden werden. Die Kostendurchsprache zeigt wieder einmal seine ganze Überlegenheit in sachlicher und organisatorischer Hinsicht, sie gibt ihm Gelegenheit, alle Register seiner Sachkenntnis und Managerfähigkeit zu ziehen und seine Mitarbeiter zu beeindrucken. Aus der Sicht des Mitarbeiters ist die Kostendurchsprache dagegen eine zweischneidige Sache: einerseits hat er natürlich Gelegenheit, dabei von seinem Chef zu lernen und von dessen Fachkenntnissen zu profitieren; andererseits aber muß er befürchten, daß irgendwelche Fehler oder Nachlässigkeiten aufgedeckt werden, daß er „erwischt" wird, und er kann sich dann auf polternde Worte, übertriebene Beschuldigungen und unangenehme Auseinandersetzungen gefaßt machen. Sein Chef sagt später nach solchen Sitzungen immer, sein Stil sei eben „rauh, aber herzlich". Man wisse schon, wie er das meine – aber die Mitarbeiter wissen es eben doch nicht immer ganz genau und sind manchmal froh, wenn solche Sitzungen vorbei sind, oder wenn der Zorn des Chefs diesmal jemand anderen trifft. Einigen Mitarbeitern gelingt es auch immer wieder, sich bei diesen Chefs besonders beliebt zu machen: sie widersprechen ihm möglichst wenig, arbeiten fleißig und zeigen das auch – denn „Einsatzbereitschaft" ist das, was so ein Chef am meisten schätzt.

Das genaue Gegenteil dieser Verhaltensweise besteht darin, sich fast **ausschließlich auf die Bedürfnisse** der Mitarbeiter zu konzentrieren und dabei die Unternehmensziele und die Notwendigkeit einer rationellen Produktion zu vernachlässigen. Auch diese Haltung beruht auf der Meinung, daß zwischen den Anforderungen der Produktion und den Bedürfnissen der Mitarbeiter ein unvereinbarer Gegensatz herrscht. Man muß deshalb die Leute, die nach Meinung dieser Manager meist nur durchschnittliche Leistungsfähigkeit und Verantwortungsbereitschaft zeigen, vor den übermäßigen Anforderungen der Leistungsgesellschaft beschützen. Man muß dafür sorgen, daß die einzelnen vom Betrieb nicht

„kaputt gemacht" werden. Als „Belohnung" für diese Verhaltensweise erwartet so ein Manager von seinen Mitarbeitern, daß sie ihn akzeptieren und zu ihm stehen.

Sein Wunsch, von den Mitarbeitern akzeptiert und anerkannt zu werden, ist überhaupt das für ihn wichtigste Motiv. Deshalb läßt er jedem Mitarbeiter so viel Spielraum und Entscheidungsfreiheit, wie dieser möchte, und hält lieber einmal mit der eigenen Meinung zurück, als daß er einen Untergebenen durch Widerspruch verärgert. Statt dessen sieht er sich selbst eher in einer Art Dienstleistungsfunktion, er gibt dem Mitarbeiter das, was er braucht und hofft, daß jeder gut zurechtkommt.

Bei der Auswertung der Betriebsabrechnung bedeutet das, daß so ein Manager sich lieber gar nicht äußert als einem Mitarbeiter weh zu tun oder ihn zu verärgern. Kritik hält er im Grunde genommen für destruktiv, und deshalb spricht man am besten gar nicht erst über negative Abweichungen, Kostenüberschreitung u.ä. Auch bei mittelmäßigen oder schlechten Mitarbeitern läßt sich meistens irgend etwas finden, was man loben kann — z.B. ihre Pünktlichkeit oder die Tatsache, daß sie nie krank waren. Durch diese, wie er meint, positive Haltung zum Mitarbeiter hofft ein solcher Manager, zur Vertrauensperson zu werden und immer gute persönliche Beziehungen mit seinen Kollegen und Untergebenen zu erhalten. Aus der Sicht der Betroffenen sieht es allerdings etwas anders aus, denn sie empfinden diesen Managertyp oft als wachsweich, als Opportunisten oder als jemanden, der sich ständig anpaßt und sein Fähnchen nach dem Winde hängt. Wenn man seine Kosten überschritten hat, erfährt man von so einem Manager nicht, ob das angesichts der Umstände wirklich vertretbar war, oder ob man Fehler gemacht hat, und wenn man von ihm gelobt wird, dann weiß man nie genau, ob das Lob wirklich ernst gemeint ist oder nur eine Art Schmeichelei darstellt. Die Mitarbeiter vermissen oft auch die notwendige Sachkunde bei solchen Vorgesetzten, die aus lauter Angst vor möglicherweise unangenehmen Einzelheiten eine genauere Analyse der Zahlen der Betriebsabrechnung vermeiden. Jeder muß mit sich selbst zurechtkommen, und wenn man echte Auskünfte will, ist es besser, man bespricht sich mit jemandem anderen.

Die letzten beiden Führungsstile waren dadurch gekennzeichnet, daß jeweils ein Punkt — entweder die Aufgabenorientierung oder die Mitarbeiterorientierung — von dem betreffenden Manager auf Kosten des anderen stark betont wurde. Eine weitere Möglichkeit besteht jedoch darin, einen **Kompromiß** zwischen beiden Haltungen zu finden. Ein solcher Manager glaubt, daß „zufriedene Kühe mehr Milch geben". Er versucht deshalb, seine Mitarbeiter bei Laune zu halten und gleichzeitig die Notwendigkeiten der Produktion und das Kostendenken bis zu einem gewissen Grade durchzusetzen. Er ist stolz auf seine Flexibilität, mit der es ihm gelingt, fast in jeder Situation sowohl etwas für die Mitarbeiter als auch etwas für den Betrieb zu tun. Er verlangt auch von seinen Mitarbeitern, daß sie ab und zu einmal etwas „schlucken", wenn es im Sinne der Produktions- oder Kostenziele notwendig ist. Er bemüht sich stark, immer rational, nach klarem Durchdenken aller Möglichkeiten und im Einverständnis mit seinen Mitarbeitern vorzugehen.

Für ihn ist die Analyse der Ergebnisse der Betriebsabrechnung keine offizielle Leistungsbeurteilung in diesem Sinne. Er geht dabei lieber informell vor, spricht einzelne Teilergebnisse mit einzelnen Mitarbeitern durch und versucht, Fehler oder Schwachstellen in Einzelgesprächen zu diskutieren, während er Erfolge und gute Ergebnisse vor der ganzen Gruppe seiner Mitarbeiter „öffentlich" darstellt und belohnt. Besonders das Eingehen auf Fehler und Schwierigkeiten ist ihm manchmal unangenehm, und er neigt dann zu Wortspielereien und Ironie, um dies zu verbergen. Die Mitarbeiter arbeiten meistens ganz gern für solch einen Manager, denn er hat immer ein offenes Ohr für sie und bemüht sich, zumindest ihren grundliegenden Bedürfnissen gerecht zu werden. Außerdem macht das Arbeiten mit ihm Spaß, denn er ist geschickt und findet immer wieder eine Lösung, die verschiedene Bedürfnisse berücksichtigt. Die Mitarbeiter haben schon gelernt, wie sie sich ihm gegenüber verhalten müssen. Wenn es beispielsweise darum geht, Kostenziele für die Betriebsabrechnung festzulegen, dann muß man in der Verhandlung zunächst einmal etwas weiter „oben" anfangen und sich von ihm langsam herunterhandeln lassen. Da er sowieso immer nach einem Kompromiß sucht, der ungefähr in der Mitte liegt, ist es besser, wenn man sich zunächst bestimmte Verhandlungsreserven vorbehält und nicht gleich ganz offen sagt, wo Einsparungen möglich sind.

Wenden wir uns dem letzten Managertyp zu. Er hält seine Mitarbeiter für **produktiv und kreativ** und versucht deshalb, ihre Fähigkeiten zu entwickeln und ihre Möglichkeiten optimal zu nutzen. Durch gleichmäßig starke Betonung der Unternehmensziele einerseits und der Bedürfnisse der Mitarbeiter andererseits betreibt er einen offensiven Führungsstil, und er versucht stets gemeinsam mit seinen Mitarbeitern, Bestleistungen zu erbringen. Er hält es für vorteilhaft, schon in die Aufbauphase der Betriebsabrechnung alle einzubeziehen und Sollkosten, Leistungsvorgaben und andere Zielsetzungen von vorneherein exakt durchzusprechen. Dabei trägt er nicht nur mit seinem eigenen Fachwissen zum Fortschritt des gemeinsamen Unterfangens bei, sondern ermutigt auch andere, ihre Ideen einzubringen. Die Leistungsreserven des Teams werden genutzt.

In der Auswertung der Betriebsabrechnung sieht er die Möglichkeit, dazu zu lernen. Nach seiner Meinung sollten kontinuierlich Zahlen über die Ergebnisse der Bemühungen jedes einzelnen zur Verfügung stehen, damit jeder (auch er selbst) sehen kann, wie sich seine Tätigkeit auf das Gesamtergebnis ausgewirkt hat. Er wertet die Zahlen im Zweiergespräch und in Gruppensitzungen aus, je nachdem, in welchem Zusammenhang die betroffenen Probleme gesehen werden müssen. Seine Mitarbeiter fürchten sich nicht vor den Ergebnissen — zum einen deshalb, weil er mit seinem Arbeitsstil leistungsfähige Spitzenleute in sein Team einbringt, die häufig jeder Leistungsbewertung generell positiv gegenüberstehen, und zum anderen deshalb, weil jeder hofft, aus den Ergebnissen für die Zukunft zu lernen, und keiner fürchten muß, ungerecht beschuldigt zu werden.

5.3.3.2 Der optimale Führungsstil

Im letzten Abschnitt wurden fünf verschiedene Verhaltensweisen von Managern (Führungsstil) im Zusammenhang mit der Betriebsabrechnung und ihrer Auswertung beschrieben. Welche Verhaltensweise, welcher Führungsstil ist vorzuziehen?

Sicherlich hängt das von der speziellen Situation des Unternehmens, den Fähigkeiten des betreffenden Managers und seiner Mitarbeiter und von den verfolgten Zielen ab. Demnach wäre es falsch, immer und in jeder Situation denselben Führungsstil anzuwenden; und es wäre falsch, wenn jeder ungeachtet seiner eigenen Möglichkeiten versuchen würde, sich einen bestimmten Führungsstil anzueignen.

Betrachten wir allerdings die Konsequenzen der verschiedenen Verhaltensweisen, dann zeigt sich, daß der zuletzt genannte Stil langfristig dazu führen wird, daß am ehesten positive Konsequenzen aus der Betriebsabrechnung gezogen werden können, daß sie ihren Sinn erfüllen kann, und daß hohe Leistung sich mit hoher Arbeitszufriedenheit paart. Diese Verhaltensweise sollte daher möglichst häufig angewendet werden. Relativ gute Ergebnisse bringen auch noch der Kompromißstil (mittelstarke Betonung von Unternehmenszielen und mittelstarke Betonung der Bedürfnisse der Mitarbeiter) und bei entsprechenden Einstellungen von Chef und Mitarbeiter auch der arbeitsbetonte Stil (starke Betonung der Unternehmensziele und Aufgaben, geringe Betonung der Mitarbeiterbedürfnisse). Dagegen sind kaum Situationen denkbar, in denen der rein mitarbeiterbetonte Stil (völlige Vernachlässigung der Aufgabe, ausschließliche Aufmerksamkeit auf die Bedürfnisse der Mitarbeiter) oder der Rückzugsstil (geringe Aufgabenorientierung und geringe Mitarbeiterorientierung) mit seinem Pochen auf formelle Kommunikation, seinem unpersönlichen Beharren auf Vorschriften, Regeln und Aktennotizen echte Erfolge bringen.

Die vorangegangenen Abschnitte zeigen, daß eine enge Beziehung zwischen einem so allgemeinen Thema wie dem Führungsstil und dem Betriebsklima einerseits und einem so speziellen Unternehmensbereich wie der Betriebsabrechnung andererseits bestehen kann. Es ist nicht Aufgabe dieses Bändchens, diese Beziehung bis ins letzte auszuloten oder gar ausführlich auf Vor- und Nachteile verschiedener Führungsstile und die Möglichkeit, optimale Führungsstile zu erlernen, einzugehen. Wer über diese kurzen Andeutungen hinaus informiert sein möchte, dem sei die weiterführende Literatur und eine geeignete Lernhilfe empfohlen [*Böckel/Hoepfner*].

5.4 Auswertung der Abrechnungsergebnisse (Zusammenfassung)

Die Betriebsabrechnung ist kein Selbstzweck, sie ist nur sinnvoll, wenn sie ausgewertet wird. In diesem Kapitel wurden Bereiche herausgegriffen und beispielhaft relativ genau dargestellt: die Kontrolle im Bereich der Kostenstellen einerseits und die kalkulatorische Grundlegung von Angeboten und Preisen andererseits. Es zeigte sich, daß die Betriebsabrechnung in beiden Bereichen differenziert ausgewertet werden kann, wobei naturgemäß im innerbetrieblichen Bereich die Produktionsweise und die damit verbundenen Entscheidungen eine größere Rolle spielten, während im Marktbereich die Stellung des Unternehmens im Markt und seine Wettbewerbssituation eine bedeutende Rolle spielten.

In beiden Bereichen ist es aber möglich, die Betriebsabrechnung den speziellen Erfordernissen des jeweiligen Unternehmens anzupassen und aus ihr genau die Informationen zu gewinnen, die benötigt werden.

6. Die Betriebsabrechnung als Ansatzpunkt zur Kostensenkung

Wenn wir die bisherigen Kapitel Revue passieren lassen, so sieht man, daß die Betriebsabrechnung ein ganzes Bündel von Aufgaben zu erfüllen hat bzw. zu erfüllen hätte. Doch ein Blick auf die Praxis zeigt, daß dort oft gar nicht gesehen wird, wie viele Informationen mit der Betriebsabrechnung erarbeitet werden können. Dies ist umso erstaunlicher, als die Betriebsabrechnung ein relativ teures Instrumentarium ist. Ihr Betriebsabrechnungsbogen ist zu schade, um ihn nur für die Ermittlung von Kalkulationssätzen zu verwenden! Grundsatz: Man muß sich davor hüten, in der Betriebsabrechnung nur ein „Kalkulations-Ermittlungsinstrument" zu sehen — dafür allein ist das Instrumentarium zu teuer —, man muß den hohen Informationsgehalt der Betriebsabrechnung für *Entscheidungen* nützen.

Wenn wir uns noch einmal vor Augen führen, wie zeit- und kostenaufwendig zum Teil die Information (Datengewinnung) für die Betriebsabrechnung erarbeitet wird, so ergibt sich zwangsläufig die Notwendigkeit, die Betriebsabrechnung durch Zusatzaufgaben besser auszunützen. So vor allem durch die Möglichkeit der *Kostenstellenkontrolle*, der *Kennziffernermittlung*, der Verwendung als *Führungsinstrument* und Führungshilfe und nicht zuletzt als *Ansatzpunkt zur Kostensenkung*. Die Betriebsabrechnung ist ein sehr effektives Mittel für die Einleitung und Durchführung kostensenkender Maßnahmen. Es sollte deshalb schon beim Aufbau der Betriebsabrechnung auf Kostensenkung als Ziel hingearbeitet werden. Dazu gehört der bereits angesprochene Grundsatz, den BAB-Aufbau wenn irgend möglich nach *Verantwortungseinheiten* im Kostenstellenplan/Bereichsplan vorzunehmen.

Durch *Vorgaben* je Kostenstelle wird der erste entscheidende Schritt zur Kostensenkung, gewissermaßen a priori gemacht. Der damit vollzogene Schritt der Ausgestaltung der Betriebsabrechnung zur Planungsrechnung und des damit verbundenen laufenden kontinuierlichen Soll-Ist-Vergleichs macht den BAB zum Kontrollinstrument. Voraussetzung ist allerdings, daß die Vorgaben von den Kostenstellenleitern nicht wie Banklimits aufgefaßt werden, die man auf jeden Fall ausschöpfen sollte, sondern daß die Vorgaben kritisch gemeinsam vom „Planenden" und „Geplanten" erstellt, kommentiert und akzeptiert werden. Man muß auch akzeptieren, daß es selbst bei verantwortungsbewußtem Kostenverhalten zu Über- oder Unterschreitungen der Vorgaben kommen kann. Es ist kein Kriterium für kostenbewußtes Verhalten, wenn das Budget genau ausgeschöpft wird! Abweichungen gehören zur Planung, sind notwendiger Bestandteil jeder Planung, und Abweichungen treten naturgemäß bei jedem BAB auf.

Mit dem Erstellen des Kostenbudgets, der Unterteilung der Unternehmung in Abrechnungs- und Verantwortungseinheiten, ist die erste Voraussetzung für das Einleiten von Kostensenkungsmaßnahmen geschaffen. Es handelt sich hier gewissermaßen um eine permanente, institutionalisierte Kostensenkung. Auftretende Abweichungen (wenn die Kostenstellenrechnung ergab, daß der Ist-Verbrauch von einer Soll- oder Planzahl tatsächlich abweicht) werden Gegenstand der sogenannten „*Kostendurchsprache*" zwischen Kostenrechner und Kostenverantwortlichem. In der Kostendurchsprache soll versucht werden, Abweichungsursachen zu analysieren und dadurch Alternativen, Verbesserungsvorschläge,

Maßnahmen für künftiges Handeln und Gegensteuerungsaktionen zu erarbeiten. Vor einer Kostendurchsprache ist es allerdings erforderlich, daß der Kostenrechner oder der Controller zunächst sorgfältig die Abweichungen analysiert und bereits versucht, die Ursachen zu ermitteln. Im gemeinsamen Gespräch innerhalb der Kostendurchsprache werden dann die tatsächlichen Ursachen festgehalten und kommentiert.

Neben dieser gewissermaßen „vorbeugenden" Kostensenkung durch Vorgaben, laufende Überwachung durch den Soll-Ist-Vergleich, durch die Kostendurchsprache, die Abweichungsanalyse gibt es die Möglichkeit, zusätzlich aus der Betriebsabrechnung heraus Kostensenkungsprogramme einzuleiten. Es ist eine oft übersehene Tatsache, wahrscheinlich, weil die Schlußfolgerung daraus so simpel ist: Der Kostensenkungserfolg kommt *zwangsläufig*, wenn man durch geeignete Hilfsmittel und Zusatzinformationen den BAB ergänzt und dann daraus die entsprechenden Konsequenzen zieht.

Konkrete Kostensenkungsziele können am besten dann vorgegeben werden, wenn man etwaige Kostensenkungsreserven im Unternehmen erkannt und definiert hat. D.h. man sollte vor der Einleitung von Kostensenkungsmaßnahmen prüfen, ob Kostensenkungen überhaupt möglich sind. Es stellt sich deswegen die Frage: Wie erkennt man Kostensenkungsmöglichkeiten?

Eine Erkenntnisquelle ist der Vergleich. Z.B. kann man mit den eigenen Kosten vergleichen:

— Die zwangsläufig (technisch) anfallenden Kosten.
— Die Kosten bekannter Firmen.
— Das niedrigste Kostenniveau einer Branche.
— Normgrößen, wie z.B. die Kosten, die einen Jahresgewinn, ausgedrückt in % des eingesetzten Kapitals, ermöglichen.

Wenn im Unternehmen ein aussagefähiger Betriebsabrechnungsbogen mit entsprechenden Zusatzinformationen (Planwerte, Kennzahlenbildung usw.) aufgebaut wurde, könnte sich folgende Ablauforganisation für die Durchführung eines Kostensenkungsprogrammes ergeben:

Zu den einzelnen Phasen:

Phase 1: Wille und Entscheidung für kostensenkende Maßnahmen. Der Wille und die Entscheidung für kostensenkende Maßnahmen geht meistens von der Unternehmensleitung aus, d.h. die Geschäftsführung wird selbst oder durch Delegation Kostensenkungsmaßnahmen einleiten. In Großunternehmen wird dies die betriebswirtschaftliche Abteilung oder der Controller sein, der von der Unternehmensleitung beauftragt wird, innerhalb eines Zeitraumes die Voraussetzungen für kostensenkende Maßnahmen zu schaffen.

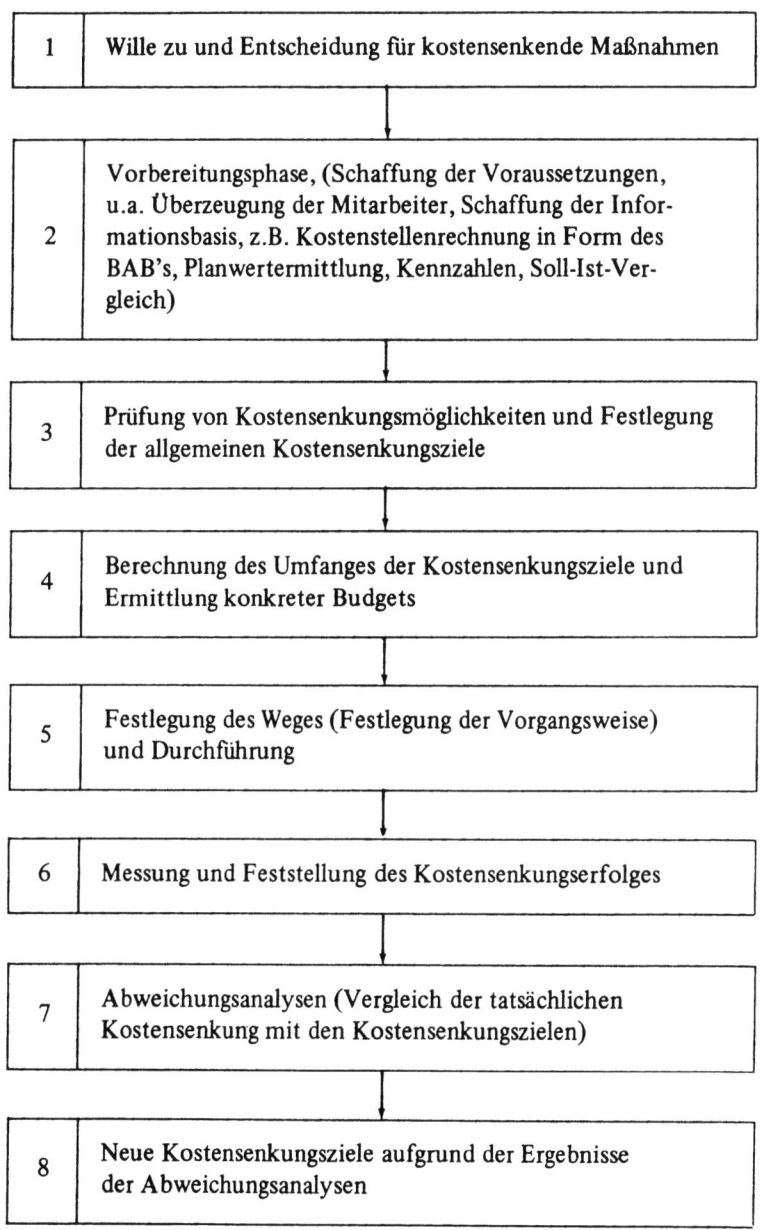

Abb. 21: Phasen der Kostensenkung (Ablauforganisation)

Phase 2: Vorbereitungsphase (Schaffung der Voraussetzungen). Hier werden zunächst die Informationen gesammelt, die notwendig sind, um erfolgreich Kosten senken zu können, wie beispielsweise Aufbereitung des BAB's, notfalls Ergänzung durch Planwerte, Kennzahlenbildung u.a. Hierzu gehört aber auch die Ermittlung der angemessenen Kosten. Zahlenmaterial kann z.B. aus einem Betriebsvergleich gewonnen werden. Dazu dient ein Formblatt (vgl. Abb. 22). Durch Vergleich der angemessenen Kosten mit den tatsächlichen Kosten werden zunächst die Kostensenkungsmöglichkeiten errechnet.

Empfehlenswert ist es, die ermittelten rechnerischen Kostensenkungsmöglichkeiten tabellarisch darzustellen.

<table>
<tr><td colspan="3"></td><td colspan="3">Programm Nr.
1978</td><td colspan="3">Programm-
Kurzbezeichnung</td><td colspan="4">Verantwortliches
VSTD-Mitglied</td><td>Projekt-
leiter</td><td>Abschluß-
termin</td><td>Blatt</td></tr>
<tr><td colspan="13">Ziel:</td><td colspan="3">Projektmitarbeiter:</td></tr>
<tr><td colspan="6">Ergebnisverbesserung</td><td rowspan="2">Vorgehen</td><td colspan="6">Realisierungskosten</td><td rowspan="2">Verantwortl.
Mitarbeiter</td><td colspan="2">Abschlußtermin</td></tr>
<tr><td>1977</td><td>1978</td><td>1979</td><td>1980</td><td>1981</td><td>1982</td><td>1976</td><td>1977</td><td>1978</td><td>1979</td><td>1980</td><td>1981</td><td></td><td></td></tr>
<tr><td></td><td></td><td></td><td></td><td></td><td></td><td></td><td></td><td></td><td></td><td></td><td></td><td></td><td></td><td></td><td></td></tr>
<tr><td colspan="13">Bemerkungen:</td><td colspan="3">Genehmigt durch:</td></tr>
</table>

Abb. 22: Maßnahmen-Vorgabeblatt

Für weitere tabellarische Darstellungen müssen in der Vorbereitungsphase noch folgende Formblätter entwickelt werden:

- Maßnahmenkatalog zur Kostensenkung (vgl. Abb. 23)
- Schriftliche Fixierung der Kostensenkungsziele (vgl. Abb. 24)
- Belastungsblatt (vgl. Abb. 25)
- Kontrollblatt (vgl. Abb. 26)
- Berechnung und Überwachung der Kostensenkung (vgl. Abb. 27).

Betriebsabrechnung als Ansatzpunkt zur Kostensenkung 101

Phase 3: Prüfung von Kostensenkungsmöglichkeiten und Festlegung der Kostensenkungsziele. In dieser Phase werden Vorschläge erarbeitet und festgehalten und konkrete Kostensenkungsziele vorgegeben. Dies geschieht am besten in Form eines Maßnahmenkataloges zur Kostensenkung.

Nr.	Vorgesehene Maßnahmen:	Auswirkung in	Durchführung: Zeit	von	Anl.

Abb. 23: Maßnahmenkatalog zur Kostensenkung

102 Betriebsabrechnung als Ansatzpunkt zur Kostensenkung

Phase 4: Berechnung des Umfanges der Kostensenkungsziele und Ermittlung konkreter Kostensenkungsziele. Die Vorgabe konkreter Kostensenkungsziele sollte am besten schriftlich erfolgen und eindeutig dokumentiert werden, d.h. die Kostensenkungsziele sollten konkret in schriftlicher Form, am besten durch Mitteilung von der Geschäftsleitung an die Beteiligten vorgegeben werden. In diesem Schreiben sollte die Kostensenkungsmöglichkeit in den einzelnen Bereichen angegeben und der Grundsatz ausgesprochen werden, daß man die Realisierung der Kostensenkungsziele innerhalb einer bestimmten Abrechnungsperiode erwartet. (Vgl. Abb. 24: Schriftliche Fixierung der Kostensenkungsziele)

Von Controlling
über Geschäftsleitung
an ....

Betr.: Kostensenkungsprogramm

Folgende Kostensenkungsmöglichkeiten wurden gemeinsam mit Ihrem Bereich/Kostenstelle ermittelt:

Kostenart	Ist-Kosten		Soll-Kosten lt. Kostensenkungsziel	
	absolut	% v. Umsatz	absolut	% v. Umsatz

Bitte setzen Sie Ihren Willen und Ihre Einsatzbereitschaft dafür ein, daß die aufgestellten Ziele tatsächlich erreicht werden. Die Geschäftsleitung ist sich darüber im klaren, daß damit zusätzliche Leistungen und Anstrengungen von Ihnen gefordert werden. Trotzdem dürfen dadurch Ihre sonstigen Aufgaben, d.h. das übliche Tagesgeschäft nicht vernachlässigt werden. Bei Abweichungen von den aufgestellten Zielen bitte ich um rechtzeitige Information und Vorschlag geeigneter Mittel und Vorschläge.

München, den ....

....
Unterschrift

Abb. 24: Schriftliche Fixierung der Kostensenkungsziele

Betriebsabrechnung als Ansatzpunkt zur Kostensenkung 103

Phase 5: Festlegung des Weges und Durchführung. Hier sollten die einzelnen Schritte, die zur Kostensenkung führen, dokumentiert und die Durchführung koordiniert werden.
Als Formulare verwenden wir die Maßnahmenbelastungsübersicht („wer tut wann was?" gemäß Abb. 25), den Maßnahmenkatalog (Abb. 23).

	Programm Nr. 1978	Programm-Kurzbezeichnung	Verantwortliches VSTD-Mitglied			Projektleiter	Abschluß-termin:	Blatt
Monatliche Stundenbelastung			1980					
Führungskräfte	Jan.	Feb.	März	April	Mai	Juni	Juli	Aug.	Sept.	Okt.	Nov.	Dez.
SUMME												
Genehmigt durch:												

Abb. 25: Maßnahmenbelastungsübersicht

Phase 6: Messung und Feststellung des Kostensenkungserfolges. In dieser Phase muß die Errechnung und Überwachung der Kostensenkung stattfinden. Zur laufenden Kontrolle dient ein Maßnahmenkontrollblatt gemäß Abb. 26, zur Endkontrolle eine Berechnung gemäß Abb. 27.

	Programm Nr. 1980	Programm-Kurzbezeichnung		Verantwortliches VSTD-Mitglied	Projektleiter	Abschluß-termin	Blatt
Detailprojekt-Nummer	Detailprojektbezeichnung	Soll-Abschluß-termin		Stand des Detailprojektes	Abweichungen zum Soll (Termine, Ergebnisverbesserung, Realisierungskosten)		
Bemerkungen:				Genehmigt durch:			

Abb. 26: Maßnahmenkontrollblatt

Kostenstelle/Bereich	Bezugsgröße:			Vergleichsperiode:			Datum:	
Kostenart	Bisheriger Mengen-verbrauch	Bisherige Preise pro Einheit	Bisherige Kosten 3=(1×2)	Jetziger Mengen-verbrauch	Jetziger Preis pro Einheit	Jetzige Kosten 6=(4×5)	Kosten-senkg.(−) Kostenerh.	
Nr. Text	1	2	3	4	5	6	(3−6)	
		DM/S	DM/S		DM/S	DM/S	DM/S	%
Gesamt/Übertrag:								
Erstellt:	Geprüft:		Kenntnis Fachabteilung:		Kenntnis Controller:		Kenntnis Geschäftsleitung:	

Abb. 27: Berechnung und Überwachung der Kostensenkung

Phase 7 und 8: Durch die laufenden Abweichungsanalysen werden neue Kostensenkungsziele vorgegeben. (Hier kann wieder das Maßnahmenkontrollblatt (Abb. 26) verwendet werden.)

Bei der Koordination der einzelnen Kostensenkungsphasen gibt es einige Gesichtspunkte, die zu berücksichtigen sind. Man sollte als Grundsatz beachten, daß nur kurzfristig realisierbare Kostensenkungsziele angestrebt werden sollen. Ein zweiter Grundsatz besteht darin, daß die Ziele den Beteiligten mitgeteilt werden, und daß der Wille der Geschäftsleitung, Kostensenkungen zu erreichen, eindeutig dokumentiert wird. Hinzukommen muß die konkrete, eindeutige Festlegung der Kostensenkungsziele. Wobei hier oft als Gegenargument gebracht wird, daß die Gefahr bestünde, daß die Kostensenkungsziele vielleicht zu niedrig angepeilt würden, weil die Kostenstelleninhaber sich eine heimliche Reserve für künftige Kostensenkung bilden wollen. Hier sollte man entgegenhalten, daß selbstverständlich keine unklaren Kostensenkungsziele wie „höchstmögliche Kostensenkung", „größte Wirtschaftlichkeit", „allergrößte Sparsamkeit" vorgegeben werden, sondern nur präzise Zielformulierungen. Diese unklare Art der Zielvorgabe würde keine wirklichen Ziele abstecken, da damit nichts gefordert wird, keine konkrete Zielerfüllung verlangt wird. Es muß deshalb die Forderung erhoben werden, daß Ziele konkret formuliert und definiert den Beteiligten (den Kostenstellenverantwortlichen) mitgeteilt werden. Zur Unterstützung der Zielerreichung bei der Kostensenkung hat es sich als zweckmäßig erwiesen, Rundschreiben an alle Beteiligten mit der konkreten Aufforderung der Zielerreichung zu versenden. Die dadurch vielleicht induzierte Unruhe im Unternehmen über die vermeintlich schlechte Situation des Unternehmens usw. kann durch Darstellung und Diskussion der Ziele jederzeit beseitigt werden. Ein weiterer Gesichtspunkt, der bei Kostensenkungsmaßnahmen beachtet werden sollte, ist die Festlegung der Termine für regelmäßige Zusammenkünfte, wo die Kostensenkungsmaßnahmen besprochen werden. Man sollte regelmäßige Berichte von den Bereichsleitern über die Fortschritte durch eingeleitete Maßnahmen zur Kostensenkung obligatorisch machen. Damit diese Bereichsleitersitzungen nicht fruchtlos verlaufen, sollte man darauf hinweisen, daß Berichte über Kostensenkungserfolge erwartet werden, bei Nichterfolgen Rechenschaft darüber verlangt wird, warum keine Kostensenkungen erreicht wurden. Diese monatliche Berichterstattung, so unbequem sie sein mag, soll verhindern, daß unpopuläre, unbequeme, aber doch notwendige Kostensenkungsaktivitäten auf die lange Bank geschoben werden. Dieser Punkt beinhaltet gleichzeitig die Forderung einer laufenden Kostensenkungskontrolle durch den Kostensenkungskontrollbericht. Ein weiteres Hilfsmittel, um die Kostensenkung zu motivieren, können bestimmte Anreizsysteme sein, wie beispielsweise betriebliches Vorschlagswesen, innerbetriebliche Wettbewerbe, Vergleich der Kostensenkungserfolge der einzelnen Kostenstellen. Unter Umständen empfiehlt sich auch, um Kostensenkungserfolge zu forcieren, externe Berater einzusetzen.

Wir können also als eine Art Zwischenergebnis festhalten, daß der BAB ein geeignetes Hilfsinstrument zur Kostensenkung ist. Allerdings genügt der BAB allein nicht, hinzukommen muß der Wille zur Kostensenkung und die Institutionalisierung des „Kostensenkungswillens".

Kostensenkung ist vor allem durch folgende Einflußnahme auf die Kosten möglich:

○ *Beeinflussung der Kosten am Ort der Kostenentstehung*
 Z.B. wenn man innerhalb des BABs bereits durch die Vorschrift, daß Materialentnahme nur mit Materialentnahmescheinen möglich ist, eine Kostenerfassung und damit

auch eine Kostenzuordnung (und der damit verbundenen Kostenentziehung) ermöglicht.
Durch Vorschriften, wer bei diesen Entnahmescheinen, auch z.B. bei Büromaterial-Entnahmescheinen überhaupt unterschriftsberechtigt ist, zeigen sich meist bereits sofortige Kostenauswirkungen (der Büromaterialverbrauch in einem größeren Industriebetrieb sank durch diese einfache reorganisatorische Maßnahme von DM 4.000,– monatlich auf DM 1.600,– monatlich).

○ *Beeinflussung der Kosten durch Zahlenvergleich*
  – Zeitvergleich,
  – Kostenartenvergleich,
  – Kostenstellenvergleich,
  – Vergleich Plan/Soll-Ist-Kosten.

○ *Durch Bildung eines ausgeprägten Kostenbewußtseins*
Auf diesen letzten Punkt wollen wir abschließend etwas näher eingehen, denn das Kostendenken gehört zu den wichtigsten Zielen, zu denen der BAB erziehen soll. Durch Veranschaulichung der betrieblichen Zahlenströme im BAB wird ein Lernprozeß in die Wege geleitet, der u.U. dazu führen kann, daß nun ein Kostenbewußtsein sich bildet durch die plötzliche Erkenntnis über Auswirkungen von veranlaßten bzw. unterlassenen Maßnahmen. Eventuell wird hierdurch das Verständnis für betriebliche Gesamtzusammenhänge geweckt und das Zusammenwirken einzelner Betriebsteile transparenter. Damit ist eine unerläßliche Voraussetzung für kostenbewußtes Handeln – das Denken in betrieblichen Zusammenhängen – erreicht. Dieses Denken in betrieblichen Zusammenhängen wird durch eine Kostenkontrolle durch den BAB im Sinne des Soll-Ist-Vergleichs möglich. Will man Kostensenkung erreichen, dann muß man den einzelnen Kostenstellenleitern aussagefähige Kosteninformationen zur Verfügung stellen. Dies geschieht durch Mitteilung der Ist-Ergebnisse des BAB's, laufende Kontrollinformationen, wie und in welchem Umfang die Kostenverantwortlichen unmittelbar am Gesamtergebnis mitgewirkt haben. Dazu ist es erforderlich, daß die Unternehmungsleitung die Kostenverantwortlichen nach dem Grundsatz „management by exception" ständig über Leistungs- und Kostenentwicklung sowie über die wesentlichen Abweichungen informiert. Auch diese Informationen liefert ein modern konzeptionierter BAB auf Plankostenbasis. Dann entfällt auch die häufig geäußerte Kritik an der Betriebsabrechnung, die meist in folgenden Punkten zusammengefaßt wird:

– wenig aussagefähig, da sie für aktuelle Anlässe meist zu spät vorliegt;
– zu unbeweglich als Entscheidungsinstrumentarium;
– zu vergangenheitsbezogen, zu wenig zukunftsorientiert.

Besonders der erste Punkt – dies soll abschließend betont werden – ist ein für den Sinn der Betriebsabrechnungsbogen unerläßliche Grundvoraussetzung. Der BAB muß 14 Tage nach Monatsschluß vorliegen, wenn er ernstgenommen werden soll und nicht historische Zahlen für den Papierkorb liefern will.

7. Fallbeispiel zur Betriebsabrechnung

Einfaches Beispiel für die Kostenstellenrechnung in Form des Betriebsabrechnungsbogens

Der beigefügte Betriebsabrechnungsbogen (Abb. 25) soll aufgrund der folgenden Angaben ergänzt und abgeschlossen werden, und anschließend sollen für die Hauptkostenstellen die Zuschlagssätze ermittelt werden.

a) Die Hilfslöhne sind je zur Hälfte auf die entsprechenden Hilfskostenstellen zu verteilen.

b) Die Gehälter sind im Verhältnis 2:2:3:1:2:4:5:11 zu verteilen.

c) Der Sozialaufwand ist proportional zu den Fertigungshilfslöhnen und Gehaltskosten zu verteilen.

d) Die Wasserkosten sind aufgrund des ermittelten Verbrauches pro Kostenstelle wie folgt zu verteilen:

   10 % auf den allgemeinen Bereich
   20 % auf Fertigungshilfsstelle 1
   20 % auf Fertigungshilfsstelle 2
   30 % auf Fertigungshauptstelle 1 und
   20 % auf Fertigungshauptstelle 2.

e) Die Stromkosten sind aufgrund des ermittelten Kilowattverbrauches pro Kostenstelle zu verteilen:

Kostenstelle	Verbrauch
Allgemeiner Bereich	80 Kwh
Fertigungshilfsstelle 1	40 Kwh
Fertigungshilfsstelle 2	30 Kwh
Fertigungshauptstelle 1	120 Kwh
Fertigungshauptstelle 2	190 Kwh
Materialstelle	10 Kwh
Verwaltung	20 Kwh
Vertrieb	10 Kwh

f) Legen Sie die Werbekosten um!

g) Die allgemeinen Verwaltungskosten entfallen zu 60 % auf die Verwaltungsstelle und zu 40 % auf den Vertrieb.

h) Die Steuern und Versicherungen werden mangels exakter Aufzeichnungen der Verwaltung zugeordnet.

i) Die kalkulatorischen Zinsen werden pro Kostenstelle entsprechend dem gebundenen Vermögen pro Kostenstelle verteilt. In den einzelnen Kostenstellen befinden sich folgende Vermögenswerte gebunden:

Gebundenes Vermögen in DM 1000	Kostenstelle
100	Allgemeiner Bereich
50	Fertigungshilfsstelle 1
400	Fertigungshauptstelle 1
800	Fertigungshauptstelle 2
300	Materialstelle
250	Verwaltung
100	Vertrieb

j) Die sonstigen Kosten werden zu gleichen Teilen auf alle Kostenstellen verteilt.

Die Umlage der allgemeinen Kostenstelle erfolgt nach folgendem Schlüssel:

90 auf Vertrieb,

der Rest gleichmäßig auf alle Kostenstellen.

Die Fertigungshilfsstellen werden von den Fertigungshauptstellen jeweils im gleichen Umfang beansprucht.

Verwenden Sie bitte für die Lösung das zur Verfügung gestellte BAB-Formular.

Allgemeine Anmerkungen:

Es handelt sich hier um ein einfaches Beispiel einer statistischen Kostenstellenrechnung (Betriebsabrechnungsbogen). Dieses Beispiel wurde bewußt ausgewählt, weil es in kurzer Form die Gesamtzusammenhänge zwischen Kostenarten-, Kostenstellen- und Kostenträgerrechnung wieder aufzeigt und gleichzeitig dem Leser die Möglichkeit gibt, zu überprüfen, ob er aufgrund der bisherigen Ausführungen in der Lage ist, selbständig einen Betriebsabrechnungsbogen auszufüllen.

Selbstverständlich verwendet die Praxis wesentlich umfangreichere Betriebsabrechnungsbögen. Da hier aber nicht die verschiedenen Branchen berücksichtigt werden können, soll dieses vereinfachte Beispiel helfen, das bisher erworbene Wissen durch ein praktisches Beispiel zu üben. Gehen Sie bei diesem Beispiel stufenweise vor:

1. Verteilen Sie die Gemeinkosten auf die einzelnen Kostenstellen auf der Grundlage der Textangabe. Berücksichtigen Sie dabei, daß die Einzelkosten im allgemeinen nicht auf die Kostenstellen verteilt werden, sondern lediglich als Bezugsgröße für die Gemeinkostensatzerrechnung verwendet werden.

2. Eine Addition der Summen je Kostenstelle muß mit den Zahlen der Betriebsabrechnung in Spalte 1 übereinstimmen.

3. Nachdem Sie die Gemeinkosten auf die Kostenstellen verteilt haben, machen Sie die Probe, indem Sie die Summe Gemeinkosten mit den Summen der einzelnen Kostenstellen abstimmen.

Fallbeispiel zur Betriebsabrechnung

Kostenstellen / Kostenarten	Korrigierte Zahlen der Betriebsabrechnung	Allgemeiner Bereich	Fertigungsbereich					Material-bereich	Verwaltungs-bereich	Vertriebs-bereich
			Fertigungs-hilfsstelle 1	Fertigungs-hilfsstelle 2	Fertigungs-hauptstelle 1	Fertigungs-hauptstelle 2			
Materialeinsatz	10000								
Fertigungslöhne incl. Sozialanteil	2000				1000	1000			
Fertigungshilfslöhne	800								
Gehälter	1200								
Soziale Aufwendungen	1000								
Wasser	200								
Strom	500								
Werbung	300								
Allg. Verwaltungskosten	100								
Steuern, Versicherungen	400								
Kalk. Zinsen	400								
Sonstige Kosten	1200								
Summe Gemeinkosten		390	960	1000	470	660	460	980	1180
Umlage									
Umlage									
Umlage									
Summe Gemeinkosten									
Summe Kosten Gesamt									

4. Nachdem Sie den ersten Schritt der Betriebsabrechnung, die Umlage der Gemeinkosten vollzogen haben, beginnen Sie mit der Umlage der Hilfskostenstellen entsprechend der Textangaben.
5. Nachdem Sie die Hilfskostenstellen umgelegt haben und durch eine Proberechnung festgestellt haben, daß Sie hier keine Rechenfehler begangen haben, ermitteln Sie die Gemeinkostensätze.
6. Die Gemeinkostensätze ermitteln Sie bitte wie folgt:
Für die Materialgemeinkosten ist die Basis der Materialeinsatz.
Für die Fertigungsgemeinkosten ist die Basis die Fertigungslöhne incl. Sozialanteil.
Für die Verwaltungs- und Vertriebsgemeinkosten verwenden Sie bitte als Zuschlagsbasis die Herstellkosten, die sich zusammensetzen aus Materialeinsatz, Materialgemeinkosten, Fertigungslöhne und Fertigungsgemeinkosten, d.h. Material + Fertigungskosten.

Lösungsansätze

Wenn Sie dieses Beispiel richtig gerechnet haben, so ergeben sich folgende Werte:

a) Verteilung der Hilfslöhne

Je DM 400.– auf Fertigungshilfsstelle 1 und Fertigungshilfsstelle 2

b) Verteilung der Gehälter

Allgemeiner Bereich DM 80.–, Fertigungshilfsstelle 1 DM 80.–, Fertigungshilfsstelle 2 DM 120.–, Fertigungshauptstelle 1 DM 40.–, Fertigungshauptstelle 2 DM 80.–, Materialbereich DM 160.–, Verwaltungsbereich DM 200.–, Vertriebsbereich DM 440.–.

Sie hätten hier die Verhältniszahlen aufaddieren müssen, das ergibt die Summe 30 und DM 1.200.–, die Summe der Gehälter durch 30 dividieren müssen und dann entsprechend des Verhältnisses wiederum verteilen.

c) Verteilung des Sozialaufwandes

Der soziale Aufwand beträgt DM 1.000.–, die Fertigungshilfslöhne betragen DM 800.– und die Gehälter DM 1.200.–, d.h. insgesamt DM 2.000.–. Das Prozentverhältnis beträgt 50 %, die sozialen Aufwendungen sind entsprechend der Fertigungshilfslöhne und Gehälter in den einzelnen Kostenstellen zu verteilen, d.h. im allgemeiBereich DM 40.–, Fertigungshilfsstelle 1 DM 240.–, Fertigungshilfsstelle 2 DM 260.–, Fertigungshauptstelle 1 DM 20.–, Fertigungshauptstelle 2 DM 40.–, Materialbereich DM 80.–, Verwaltungsbereich DM 100.–, Vertriebsbereich DM 220.–.

d) Verteilung der Wasserkosten

Der Verbrauch wurde hier exakt ermittelt und es ergaben sich daraus die angegebenen

Prozentzahlen. Wenn Sie diese Prozentzahlen heranziehen, so ergeben sich folgende Werte:
Allgemeiner Bereich DM 20.–, Fertigungshilfsstelle 1 DM 40.–, Fertigungshilfsstelle 2 DM 40.–, Fertigungshauptstelle 1 DM 60.–, Fertigungshauptstelle 2 DM 40.–.

e) Verteilung der Stromkosten

Im allgemeinen erfolgt die Verteilung der Stromkosten aufgrund von Zählern und tatsächlichen Laufzeiten. Wenn keine Zähler (aus Kostengründen) vorhanden sind, erfolgt die Verteilung meist auf der Grundlage von KW-Anschlußwerten. In unserem Beispiel sind der KWh-Verbrauch pro Kostenstelle anzuwenden. Sie hätten hier die Summe der KWh ermitteln müssen und dann die Stromkosten insgesamt auf diesen Verbrauch verteilen müssen. Es ergeben sich genau 500 kWh, so daß die Verteilung sehr einfach ist:
Allgemeiner Bereich DM 80.–, Fertigungshilfsstelle 1 DM 40.–, Fertigungshilfsstelle 2 DM 30.–, Fertigungshauptstelle 1 DM 120.–, Fertigungshauptstelle 2 DM 190.–, Materialbereich DM 10.–, Verwaltungsbereich DM 20.–, Vertriebsbereich DM 10.–.

f) Verteilung der Werbekosten

Hier hatten Sie keine weitere Angabe, so daß nach dem Kostenverursachungsprinzip die Werbung voll auf den Vertriebsbereich zugeordnet werden muß.

g) Verteilung der Verwaltungsgemeinkosten

Wenn keine näheren Aufzeichnungen vorliegen, was in Kleinbetrieben schon allein aus Kostengründen meist der Fall ist, so muß man versuchen durch Schätzungen eine annähernd kostenverursachungsgerechte Verteilung der Verwaltungskosten zu erreichen. In diesem Fall wurde geschätzt, daß 40 % der gesamten Verwaltungskosten für den Vertriebsbereich angefallen sind, der Rest wurde wegen mangelnder Aufzeichnungen auf der Verwaltungsstelle zugeordnet. Es ergeben sich damit folgende Zahlen:
Verwaltungsbereich DM 60.–, Vertriebsbereich DM 40.–.

h) Die Steuern und Versicherungen müssen, weil keine Aufzeichnungen vorhanden sind, voll dem Verwaltungsbereich zugeordnet werden.

i) Verteilung der kalkulatorischen Zinsen

Die Summe des gebundenen Vermögens ergibt DM 2.000.–, die kalkulatorischen Zinsen sind DM 400.–, so daß sich folgende Verteilung ergibt:
Allgemeiner Bereich DM 20.–, Fertigungshilfsstelle 1 DM 10.–, Fertigungshauptstelle 1 DM 80.–, Fertigungshauptstelle 2 DM 160.–, Materialbereich DM 60.–, Verwaltungsbereich DM 50.–, Vertriebsbereich DM 20.–.

k) Verteilung der sonstigen Kosten

Da insgesamt 8 Kostenstellen vorhanden sind und diese Kosten im gleichen Verhältnis zu verteilen sind, ergibt sich pro Kostenstelle DM 150.–. (DM 1.200.– : 8 = DM 150.–)

Sie haben nun die Primärgemeinkosten verteilt und müssen nun die Hilfskostenstellen umlegen.
Die Umlage der Hilfskostenstellen ist wie folgt vorzunehmen:
Zunächst bei der ersten Umlage DM 90.– (den allgemeinen Hilfskostenstellen) auf Vertrieb, es verbleiben DM 300.–, die auf die restlichen 6 Kostenstellen zu verteilen sind, d.h. je Kostenstelle DM 50.–.
Die nächste Umlage ist die Umlage der Fertigungshilfsstelle 1. In der Fertigungshilfsstelle 1 befinden sich DM 1.050.–, sie werden von den Fertigungshauptstellen 1 und 2 im gleichen Umfang in Anspruch genommen, d.h. je DM 505.– auf Fertigungshauptstelle 1 und Fertigungshauptstelle 2. Von der Fertigungshilfsstelle 2 werden je DM 525.– auf die Fertigungshauptstelle 1 und Fertigungshauptstelle 2 umgelegt.
Es verbleiben nach der Verteilung der Hilfskostenstellen nur noch vier Kostenblöcke übrig: die Fertigungshauptstellen, der Materialbereich, der Verwaltungsbereich und der Vertriebsbereich.
Folgende Zahlen müßten Sie bei richtiger Rechnung erhalten haben:

Fertigungshauptstelle 1   1.550.–
Fertigungshauptstelle 2   1.740.–
Materialbereich   510.–
Verwaltungsbereich   1.030.–
Vertriebsbereich   1.270.–

Sie haben nun die Verteilung der Primärgemeinkosten und Umlage der Hilfskostenstellen innerhalb des Betriebsabrechnungsbogens vorgenommen. Sie errechneten so die Gemeinkostenblöcke, die Sie nun auf die jeweilige Bezugsbasis beziehen können um so die entsprechenden Gemeinkostensätze zu errechnen. Wenn Sie diesen Schritt ebenfalls nachvollzogen haben, so müßten Sie folgende Gemeinkostenzuschlagssätze bekommen haben:

Materialgemeinkosten: 5,1 % $\dfrac{\text{Materialgemeinkosten} \times 100}{10.000}$

Fertigungsgemeinkosten 1: 155 %
Fertigungsgemeinkosten 2: 174 %   } jeweils durch die Rechnung

$\dfrac{\text{Fertigungsgemeinkosten} \times 100}{\text{Fertigungslöhne}}$

Verwaltungsgemeinkosten:
Hierzu benötigen Sie zunächst einmal die Herstellkosten. Die Herstellkosten setzen sich zusammen aus den Materialkosten und den Fertigungskosten, d.h. folgende Zahlen ergeben die Herstellkosten:

Materialeinsatz DM 10.000.– + Materialgemeinkosten DM 510.– + Fertigungslöhne DM 2.000.– + Fertigungsgemeinkosten DM 1.550.– und DM 1.740.–, d.h. insgesamt DM 15.800.–.

Fallbeispiel zur Betriebsabrechnung

Kostenarten	Korrigierte Zahlen der Betriebsabrechnung	Allgemeiner Bereich	Fertigungsbereich					Materialbereich	Verwaltungsbereich	Vertriebsbereich
			Fertigungshilfsstelle 1	Fertigungshilfsstelle 2	Fertigungshauptstelle 1	Fertigungshauptstelle 2			
Materialeinsatz	10000								
Fertigungslöhne incl. Sozialanteil	2000				1000	1000			
Fertigungshilfslöhne	800		400	400					
Gehälter	1200	80	80	120	40	80	160	200	440
Soziale Aufwendungen	1000	40	240	260	20	40	80	100	220
Wasser	200	20	40	40	60	40			
Strom	500	80	40	30	120	190	10	20	10
Werbung	300								300
Allg. Verwaltungskosten	100							60	40
Steuern, Versicherungen	400							400	
Kalk. Zinsen	400	20	10		80	160	60	50	20
Sonstige Kosten	1200	150	150	150	150	150	150	150	150
Summe Gemeinkosten	6100	390	960	1000	470	660	460	980	1180
Umlage		↳	50	50	50	50	50	50	90
Umlage			↳	↳	505	505			
Umlage					525	525			
Summe Gemeinkosten	6100				1550	1740	510	1030	1270
Summe Kosten Gesamt	18100				155 %	174 %	5,1 %	6,5 %	8,0 %

Es ergeben sich somit Verwaltungsgemeinkosten in Höhe von 6,5 %

$$\frac{\text{Verwaltungsgemeinkosten} \times 100}{\text{Herstellkosten}} = \frac{\text{DM } 1.030.- \times 100}{\text{DM } 15.800.-}$$

und 8,0 % Vertriebsgemeinkosten

$$\frac{\text{Vertriebsgemeinkosten} \times 100}{\text{Herstellkosten}} = \frac{\text{DM } 1.270.- \times 100}{\text{DM } 1.580.-}.$$

Aktuelle Fragen der Kostenrechnungs-Praxis, insbesondere Gestaltungsprobleme und EDV-Unterstützung, werden in dem Buch *W. Kilger* und *A.-W. Scheer: Plankosten- und Deckungsbeitragsrechnung in der Praxis* ausführlich erörtert.

Literaturverzeichnis

Bettermann, H.J.: Integrierte Datenverarbeitung. Management Enzyklopädie. München 1965, 767–777.
Böckl, J., und *F.G. Hoepfner*: Moderne Kostenrechnung lernpsychologisch aufbereitet. Stuttgart 1972.
Buggert, W.: Technik der Kosten- und Leistungsrechnung. Darmstadt 1975.
Bussmann, K.F.: Industrielles Rechnungswesen. Stuttgart 1968.
Haberstock, L.: Kostenrechnung 1. Wiesbaden 1976.
Heinen, E.: Industriebetriebslehre. München 1972.
Hummel, S., und *W. Männel*: Kostenrechnung 1. Wiesbaden 1978.
Kilger, W., und *A.-W. Scheer*: Plankosten- und Deckungsbeitragsrechnung in der Praxis. Anwendungen – offene Probleme – Entwicklungstendenzen. Saarbrücker Arbeitstagung 1980. Würzburg–Wien 1980.
Pfeiffer, W., und *P. Preißler*: Der Erkenntniswert der Kostenrechnung. In: Erfolgskontrolle im Marketing. Berlin 1975.
Preißler, P.: Checklist Controlling einführen und gewinnbringend durchführen. München 1972.
Preißler, P., und *U. Dörrie*: Intensivkurs für Führungskräfte. Band 1: Grundlagen der Kosten- und Leistungsrechnung. München 1979.
Schäfer, E.: Die Unternehmung. Köln–Opladen 1963.
Stehle/Sauwald: Grundriß der industriellen Kosten- und Leistungsrechnung, 1973.

If you have any concerns about our products,
you can contact us on
ProductSafety@springernature.com

In case Publisher is established outside the EU,
the EU authorized representative is:
**Springer Nature Customer Service Center GmbH
Europaplatz 3, 69115 Heidelberg, Germany**

Printed by Libri Plureos GmbH
in Hamburg, Germany